Les Détecteurs de mensonge

COLLECTION « PETITE ENCYCLOPÉDIE CRITIQUE »
Dirigée par Manuel Cervera-Marzal et Sébastien Chauvin

Vanessa Codaccioni est politiste, professeure à l'Université Paris VIII Vincennes Saint-Denis. Elle est spécialiste de la justice pénale, de la criminalité politique et terroriste, et de la répression. Elle a publié aux éditions Textuel *Répression. L'État face aux contestations politiques* (2019) et *La Société de vigilance* (2021).

Graphisme de la couverture : Agnès Dahan
Correction : Géraldine Chognard

2, rue Rampal
75019 Paris
www·editionstextuel.com
ISBN : 978-2-84597-977-2

Vanessa Codaccioni

Les Détecteurs de mensonge

Recherche d'aveux et traque de la vérité

textuel
PETITE
ENCYCLOPÉDIE
CRITIQUE

Sommaire

Introduction
Mensonges et investissements sécuritaires 7

1 Obtenir l'aveu : pseudo-science, magie et mensonges 21

2 Avouer ses déviances, révéler sa monstruosité 45

3 Entrer dans la tête des justiciables ou les faire taire ? 67

4 Sécurisation des espaces et tri des populations : ce que disent les visages 89

5 Surveiller et tester 115

Conclusion :
les populations avouantes 137

Introduction
Mensonges et investissements sécuritaires

Le détecteur de mensonge, originellement associé au polygraphe, est un outil d'identification et de mesure des réactions physiologiques d'un individu soumis à un interrogatoire ou à une série de questions. Développé au début du XXe siècle, il en existe aujourd'hui différents types, qui s'appuient tantôt sur l'observation de l'activité du cerveau (données d'électroencéphalogramme, imagerie cérébrale), tantôt sur le repérage visuel de micro-gestes et d'expressions faciales, ou encore et toujours sur l'analyse des manifestations physiques du mensonge censées être provoquées par la peur ou le stress (respiration, rythme cardiaque, voix, etc.). « Imaginez si vous pouviez repérer les menteurs, juste en les regardant dans les yeux. Eh bien, maintenant, vous pouvez ! » explique le groupe Converus qui fonde la détection du mensonge et de la tromperie sur la mesure de la dilatation des pupilles et le temps de réaction de l'œil[1]. Ce qui n'est pas sans rappeler cette phrase du détective Vidocq sur laquelle s'appuie Cesare Lombroso, souvent considéré à tort comme l'inventeur du dispositif : « Il ne m'est pas nécessaire de voir tout le visage d'un criminel pour le reconnaître, il me suffit de pouvoir le fixer dans les yeux[2]. »

La détection du mensonge répond à un fantasme punitif ou à une volonté répressive ancienne : déceler des émotions insondables, identifier des menteurs et des coupables, faire jaillir la vérité du corps. On en trouve par exemple la trace sous l'Inquisition durant

1 Site de l'entreprise Converus.

2 Cesare Lombroso, *L'Homme criminel*, Paris, Félix Alcan Éditeur, Paris, 1887, p. 197.

laquelle les juges introduisaient de la farine dans la bouche des suspects : si celle-ci était sèche après l'ingestion, alors l'accusé était coupable, trahi par son stress[3]. Né de diverses expériences criminologiques et premier appareil décrit comme un détecteur de mensonge, le polygraphe trouve son débouché dès les années 1930 aux États-Unis, pays dans lequel il est utilisé dans le secteur privé, au sein des agences gouvernementales lors des procédures de recrutement, ou par la police et les services de renseignement à des fins d'interrogatoire. Aujourd'hui, on estime que ce sont 2,5 millions de tests qui sont réalisés chaque année outre-Atlantique, principalement par les services de police et des shérifs, et ce pour un marché avoisinant les 2 milliards de dollars[4]. Néanmoins, d'autres pays l'utilisent à des fins policiaro-judiciaires, économiques ou médicales : le Canada, le Mexique, Israël, le Japon, l'Inde, la Russie, ou, plus récemment, la Belgique et le Royaume-Uni, pays dont la spécificité est de le réserver aux délinquants sexuels. La France reste réfractaire à son usage même si, dans le contexte de l'affaire Merah et des défaillances décriées de ceux qui ont procédé à son interrogatoire, des voix se sont fait entendre pour autoriser dans certains cas le recours au polygraphe[5]. Seule la DGSE y a recours depuis une quinzaine d'années, principalement pour tester la fiabilité

3 Pauline Petit, « L'aventure du détecteur de mensonge ou notre fantasme de la vérité », France Culture, 25 janvier 2021 [en ligne sur le site radiofrance.fr].

4 Mark Harris, « The Lie Generator : Inside the Black Mirror World of Polygraph Job Screening », Wired, 1er octobre 2018 ; Florence Rosier, « Les détecteurs de mensonge, efficaces pour démêler le vrai du faux ? », *Le Monde*, 1er mars 2021.

5 *Affaire Merah. Réflexions et propositions*, rapport de Guy Desprats et Jérôme Léonnet pour Manuel Valls, octobre 2012, p. 9.

de ses sources ou celles de ses ex-agents[6], renvoyant ici à un usage classique de la détection du mensonge par les services de renseignement.

Il faut dire que les tests polygraphiques ont mauvaise presse, et que se multiplient depuis des décennies des études et rapports sur leur manque de fiabilité, de précision, de base scientifique, ou encore sur l'impossibilité de vérifier empiriquement leur capacité à détecter la tromperie[7]. Aussi, rares sont les pays qui, tout en utilisant le polygraphe pour « faire parler » des personnes suspectées d'avoir commis un crime, le reconnaissent comme preuve devant les tribunaux. On a donc ici affaire à un instrument tout à fait singulier, qui n'est pas considéré comme suffisamment sûr pour pouvoir incriminer ou disculper des justiciables au moment de leur procès, comme peuvent l'être par exemple les tests ADN, mais qui reste largement mobilisé à des fins punitives en dehors du prétoire. Ses usages sont dès lors avant tout policiers, et les tests polygraphiques mobilisés soit pour gérer un nombre trop important d'affaires criminelles soit pour résoudre des cas exceptionnels et considérés comme graves, insolubles ou particulièrement monstrueux. Dans les deux cas, nous y reviendrons tout au long de cet ouvrage, ce sont des aveux qui sont escomptés par les experts faisant passer les tests ou par les policiers enquêteurs formés à cette fin. Pour autant, la justice n'est pas

---

6 « Espionnage : comment la Chine s'est infiltrée au cœur de la DGSE », *Le JDD*, 9 février 2022.

7 Le rapport américain le plus récent et le plus complet est celui du Conseil national de la recherche : National Research Council, *The Polygraph and Lie Detection*, Washington DC, The National Academies Press, 2003, 398p.

totalement imperméable aux dispositifs de traque du mensonge : outre que certains pays les utilisent à des fins de condamnation pénale, pour le règlement des affaires civiles (les divorces par exemple) ou pour mesurer le degré de dangerosité de certains justiciables, de nombreuses entreprises se mobilisent aujourd'hui pour faire entrer les détecteurs de mensonge dans les prétoires et pour pouvoir présenter les résultats de leurs tests devant un jury. Surtout, en dépit des débats sans cesse renouvelés sur leur inefficacité et leur caractère attentatoire à nombre de protections et de garanties judiciaires, non seulement les détecteurs de mensonge continuent d'être mobilisés ou produits par un nombre croissant d'acteurs (policiers, juges, polygraphes, psychologues, neuroscientifiques, informaticiens spécialisés dans les algorithmes, chefs d'entreprise) mais leurs usages s'intensifient et se diversifient. Ce sont ces usages diversifiés, à des fins sécuritaires ou punitives, qui seront au cœur de ce livre.

Le mensonge est un thème majeur de l'actualité politique, en particulier dans le cadre de ce que d'aucuns nomment « l'ère de la post-vérité » pour souligner la multiplication des discours politiques truffés d'erreurs factuelles, les fausses informations relayées par les médias, et les efforts de certaines et certains pour rétablir la vérité sur les faits. Les « fake news » (fausses nouvelles) et maintenant les « vrakes news[8] » (informations vraies déclarées fausses) sont ainsi au cœur du travail journalistique

8 Nicolas Santolaria, « Vers une épidémie de vrake news, ces vraies infos qualifiées de fausses par ceux que ça arrange? », *Le Monde*, 16 mai 2020.

et de la vigilance citoyenne aujourd'hui, et l'objet de multiples stratégies pour démêler le vrai du faux dans le contexte d'une circulation inédite des informations via internet et les réseaux sociaux. S'il faut largement relativiser la nouveauté des tentatives multiples de désinformation et du souci de la vérité en découlant (que l'on pense au « nuage de Tchernobyl » de 1986 ou à la présence d'armes de destruction massive irakiennes « révélée » en 2003)[9], tout comme se méfier des discours sur la « post-vérité » qui idéalisent le passé tout en diabolisant le présent[10], il n'en reste pas moins que l'on assiste à une politisation et à une médiatisation inédites des mensonges politico-médiatiques et des traques dont ils font l'objet. Tout en prenant au sérieux cette « mode[11] » de la chasse aux falsifications du réel, nous voulons néanmoins dans ce livre renverser la perspective et observer la manière dont le mensonge est devenu une préoccupation sécuritaire majeure, et l'objet d'investissements politiques, répressifs, économiques et scientifiques inédits favorisés à la fois par le renforcement de la lutte antiterroriste, mais aussi par l'émergence des nouvelles technologies de surveillance et de gestion des risques. Ce ne sont donc pas les troubles volontaires de la frontière entre le vrai et le faux à des fins politiques qui seront abordés ici, mais ceux potentiellement attribués aux citoyen·nes et qui sont traqués à bas bruit, loin des controverses numériques

9 Myriam Revault d'Allones, *La Faiblesse du vrai. Ce que la post-vérité fait à notre monde*, Paris, Seuil, 2018, p. 34.

10 Manuel Cervera-Marzal, *Post-vérité. Pourquoi il faut s'en réjouir*, Lormont, Le Bord de l'eau, 2019, p. 37.

11 *Id.*, p. 33.

et des réseaux sociaux. L'intérêt est alors double : mettre au jour des modalités d'interrogatoire et de recherche de preuves qui ne se donnent pas immédiatement à voir ou que, à tort, on associe aux pratiques occultes et violentes des polices des régimes autoritaires ou des agents des services de renseignement ; mais aussi, plus généralement, éclairer la centralité des politiques de vérité dans la gestion de la criminalité, de la délinquance et de la déviance dans les régimes dits « démocratiques » aujourd'hui. Plus généralement, il s'agit pour nous d'analyser les modalités du « faire avouer » et du « tester » l'autre dans un ensemble de relations sociales qui n'ont plus grand-chose à voir avec la nécessité de découvrir les mensonges des criminels.

Cette question de l'extension de l'aveu et plus généralement de la vérité[12] occupe une place centrale dans l'œuvre de Michel Foucault. Au-delà de montrer sa centralité dans le système judiciaire et l'enquête pénale, Michel Foucault a en effet surtout insisté sur la « croissance massive » de l'aveu dans notre société, devenue selon lui une « société avouante[13] ». Citons-le longuement : « L'aveu a diffusé loin ses effets : dans la justice, dans la médecine, dans la pédagogie, dans les rapports familiaux, dans les relations amoureuses, dans l'ordre le plus quotidien et dans les rites les plus solennels, on avoue ses crimes, on avoue ses péchés, on avoue ses pensées

12 Frédéric Gros, « Michel Foucault, une philosophie de la vérité », introduction à Michel Foucault, *Philosophie*, anthologie établie et présentée par Arnold Davidson et Frédéric Gros, Paris, Gallimard, 2004.

13 Michel Foucault, *Histoire de la sexualité I, La volonté de savoir*, Paris, Gallimard, 1976, p. 79.

et ses désirs, on avoue son passé et ses rêves, on avoue son enfance, on avoue ses maladies et ses misères, on s'emploie avec la plus grande exactitude à se dire ce qu'il y a de plus difficile à dire; on avoue en public et en privé, à ses parents, à ses éducateurs, à son médecin, à ceux qu'on aime, on se fait à soi-même, dans le plaisir et la peine, des aveux impossibles à tout autre, et on fait des livres[14]. » Et il continue plus loin, abordant les rapports de pouvoir inhérents à la production de la vérité: « Il faut être soi-même piégé par cette ruse interne de l'aveu (...) pour croire que nous parlent de liberté toutes ces voix qui, depuis tant de temps, dans notre civilisation, ressassent la formidable injonction d'avoir à dire ce qu'on est, ce qu'on a fait, ce dont on se souvient et ce qu'on a oublié, ce qu'on cache et ce qui se cache, ce à quoi on ne pense pas et ce qu'on pense ne pas penser[15]. » Autrement dit, non seulement la recherche et la production de l'aveu débordent largement le domaine répressif, celui de la police et de la justice, pour se retrouver dans les interactions les plus quotidiennes, mais la nature même de ce qui est avoué ou doit être avoué ne cesse d'évoluer, passant par l'exemple de l'aveu d'un crime à l'aveu de pensées.

Notre recherche sur les détecteurs de mensonge éclaire le versant punitif et contraint de ce double phénomène, à savoir d'une part la circulation de pratiques de vérité dans différents espaces sociaux et en dehors des institutions de répression, et d'autre part

14 Ibidem.

15 *Idem.*, p. 81.

la modification non seulement des modalités d'obtention de l'aveu mais de l'aveu même. Nous le verrons, les traques du mensonge contemporaines ont pour objectif de forcer la personne interrogée à dire ce qu'elle a fait, ce qu'elle cache ou ce dont elle se souvient, mais aussi parfois ce qu'elle pense, désire ou ressent, ce qu'elle est. Aussi, et pour mettre au jour ces évolutions relatives à la production de l'aveu et à la recherche de preuves, nous allons examiner tour à tour cinq applications actuelles de la détection du mensonge. Nous nous pencherons tout d'abord sur la manière dont des dispositifs de véridiction sont utilisés pour gérer certaines affaires considérées comme particulièrement graves, en nous focalisant sur le moment de l'interrogatoire policier, dominé par l'impératif d'obtenir des aveux (chapitre 1); sur le suivi post-carcéral des délinquants sexuels (chapitre 2); mais aussi sur certaines enquêtes centrées sur l'analyse de l'activité cérébrale des suspectes et suspects (chapitre 3). Puis, nous analyserons la manière dont les détecteurs de mensonge sortent des commissariats, des tribunaux ou des agences gouvernementales pour investir d'autres espaces, qu'il s'agisse des aéroports (chapitres 4), des entreprises ou des foyers (chapitre 5). En nous inspirant de la démarche adoptée par Grégoire Chamayou lorsqu'il étudie les drones américains, nous nous intéresserons moins au fonctionnement et aux caractéristiques des divers dispositifs de détection du mensonge qu'aux implications de leurs usages et réappropriations diverses. Comme l'écrit le philosophe : « Plutôt que de se demander si la fin justifie les moyens, [il faut] se demander ce que le choix de ces moyens, par lui-même, tend à imposer. »[16] Ce qui nous intéresse ici, c'est ainsi le choix de recourir à divers dispositifs de détection du mensonge dans le cadre d'une procédure judiciaire, de la sécurisation de certains lieux ou territoires, d'un processus d'embauche ou d'un litige professionnel, mais aussi dans le cadre d'une démarche de réinsertion ou de soin, en étant attentive aux objectifs qui leur sont assignés et aux logiques punitives sous-jacentes à leurs usages.

Pour autant, la matérialité de ces dispositifs, les modalités de passation des tests et les expertises mobilisées ne doivent pas être ignorées, d'une part car elles renseignent sur la technologisation progressive de la traque du mensonge et de la recherche d'aveux, et d'autre part et incidemment car elle éclaire l'avènement d'un nouveau régime de vérité permis par l'usage des neuro/biosciences et des nouvelles technologies, sans violence physique et sans torture, mais de manière plus insidieuse, par l'assimilation des individus à des corps muets, dociles et sans résistance. Le passage du polygraphe à la scrutation de l'œil par des machines, au recours aux algorithmes ou, plus encore, à l'analyse de l'activité cérébrale, a en effet de nombreuses implications sur les politiques de vérité contemporaines et sur celles et ceux qui en sont la cible. En l'occurrence non seulement ces nouveaux dispositifs facilitent leurs réappropriations diverses dans et hors le champ répressif, mais ils permettent surtout de faire évoluer la source révélatrice du mensonge qui va être l'objet

16 Grégoire Chamayou, *Théorie du drone*, Paris, La Fabrique Éditions, 2013, p. 28.

de tests experts (de la parole avouante au corps ; du corps vers l'esprit), et de modifier progressivement le type de « faux » qui est recherché. Si l'invention du polygraphe correspondait à la volonté de prouver la culpabilité par le dévoilement du mensonge, les plus récents dispositifs de véridiction ont pour objectif d'évaluer la dangerosité, les intentions malveillantes ou le degré de fiabilité de groupes d'individus aux contours de plus en plus flous. En creux, ce livre décrit ainsi l'extension continue des logiques de détection du mensonge et des pratiques qui lui sont liées, telles celles relatives à l'interrogatoire policier, à la recherche d'aveu et à l'imposition de tests, tout comme il éclaire l'affaiblissement des résistances qui peuvent être opposées aux politiques de vérité contemporaines.

Ainsi présentée, cette recherche s'inscrit dans la continuité des travaux que nous menons depuis une quinzaine d'années sur la répression et le monopole étatique de la violence, et que nous avons à chaque fois étudiés par l'analyse de dispositifs spécifiques : les procès politiques, les tribunaux d'exception, les examens psychiatriques d'activistes, la légitime défense, la surveillance mutuelle ou la délation[17]. Et on va le voir, travailler sur les détecteurs de mensonge est une autre manière d'aborder ces problématiques qui tiennent du contrôle social et de l'emprise étatique sur les gouverné·es et les

17 Vanessa Codaccioni : *Punir les opposants. PCF et procès politiques (1947-1962)*, Paris, CNRS Éditions, 2011 ; *Justice d'exception. L'État face aux crimes politiques et terroristes*, Paris, CNRS Éditions, 2015 ; *La Légitime Défense. Homicide sécuritaire, crimes racistes et violences policières*, CNRS Éditions, 2018 ; *Répression. L'État face à la contestation politique,* Paris, Textuel, 2021 ; *La société de vigilance, Autosurveillance, délation et haines sécuritaires,* Paris, Textuel, 2021.

justiciables. Plus précisément, cette focale portée sur des instruments de véridiction permet de voir sous un autre angle différentes modalités de la répression aujourd'hui bien documentées: l'utilisation de dispositifs d'exception et leur banalisation; le renforcement de l'aspect préventif des politiques sécuritaires et répressives; le rôle qu'y jouent des experts et des consultants en sécurité soucieux de vendre leurs produits; ou encore le développement continu d'une surveillance biométrique et algorithmique à la fois discriminatoire et de masse. Néanmoins, les politiques de vérité à visées punitives donnent à voir un pan largement méconnu de la gestion des indésirables qui, s'appuyant sur des pseudo-sciences et reposant sur un usage sécuritaire des corps, des muscles et des organes, se traduit par une traque perpétuelle du faux ou, plus exactement, par des opérations de partage entre le vrai et le faux.

1
Obtenir l'aveu : pseudo-science, magie et mensonges

L'usage du détecteur de mensonge en contexte d'interrogatoire policier peut paraître anachronique, tant il va à l'encontre de la rationalisation de la procédure d'enquête, et plus généralement de l'histoire de la justice qui a éliminé un ensemble de techniques d'obtention de la vérité, soit considérées comme non scientifiques et non conformes aux modalités d'administration de la preuve, comme l'hypnose, soit déplorées pour la violence exercée sur les justiciables, à l'instar de la torture ou des brutalités policières destinées à « faire parler » des suspects. Et, précisément, à la faveur d'un processus de pacification des interrogatoires, désormais davantage marqués par la ruse, la persuasion et les manipulations psychologiques[18], le développement du polygraphe aux États-Unis dans les années 1930 répond à deux objectifs : débrutaliser les pratiques des forces de l'ordre dans les commissariats[19], et obtenir des aveux. La massification de l'usage des détecteurs de mensonge outre-Atlantique et sa généralisation à une soixantaine de pays dans le monde aujourd'hui doivent ainsi à la centralité toujours renouvelée de l'aveu en justice, aveu qui, comme le rappelait Michel Foucault, l'emporte dès le Moyen Âge « sur n'importe quelle autre preuve[20] » et devient la modalité de production du vrai la plus hautement valorisée et recherchée[21].

---

18 Sur ce point, voir les travaux de Richard A. Leo, et en particulier : « From Coercion to Deception : The Changing Nature of Police Interrogation in America », *Crime, Law, and Social Change*, vol.18, 1992, pp. 35-59.

19 Ken Alder, « A Social History of Untruth: Lie Detection and Trust in Twentieth-Century America », *Representations*, vol. 81, n° 1, 2002, p. 9 et suivantes.

20 Michel Foucault, *Surveiller et punir. Naissance de la prison*, Paris, Gallimard, 1975, p. 48.

21 Michel Foucault, *Histoire de la sexualité I, op. cit.*, pp. 78-79.

Dans cette histoire de la traque policière de l'aveu, les États-Unis se distinguent par leur utilisation précoce du polygraphe, leurs deux millions de tests annuels réalisés dès le milieu du XXe siècle et leurs usages diversifiés dès cette période (policiers, médicaux, dans les entreprises, au sein des agences gouvernementales), tout comme par les tentatives d'institutionnalisation de la science polygraphique par une association professionnelle, l'American Polygraph Association, créée en 1966 et regroupant aujourd'hui 2800 experts qui réalisent chaque année « des centaines de milliers de tests partout dans le monde[22] ». Les États-Unis se singularisent également par le nombre et la nature variée des productions culturelles liées à la détection du mensonge. Outre une pléthore de films policiers ou d'espionnage sortis en salle dès les années 1920, parfois même des comédies (que l'on pense à Ben Stiller « testé » au polygraphe par Robert De Niro dans *Mon beau-père et moi*[23]) qui représentent souvent de manière très réaliste la passation des tests polygraphiques, un grand nombre de séries américaines mettent en scène des suspects/accusés soumis à l'appareil (dans *Homeland*[24] par exemple, ou dans *American Crime Story* consacrée à l'affaire O. J. Simpson[25]) ou portent spécifiquement sur la détection policière du mensonge, telle *Lie to Me* (2009) sur laquelle nous reviendrons. Mais cela est aussi le cas d'émissions

22 Voir le site polygraph.org.

23 *Meet the Parents*, réalisé par Jay Roch, est sorti en salle aux États-Unis en 2000.

24 Consacrée au travail d'agents de la CIA, notamment dans le cadre de la lutte antiterroriste, la série composée de huit saisons est diffusée entre 2011 et 2020 aux États-Unis.

25 La première saison, *The People vs. O.J. Simpson*, a été diffusée en 2016.

de télé-réalité comme *Lie Detector*, diffusée en 2005 sur PaxTV, et dans laquelle des personnalités sont « passées » au détecteur de mensonge. Il en va ainsi de Paula Jones, qui a poursuivi le président américain Bill Clinton pour harcèlement sexuel, ou encore du frère de J. K. Rowling affirmant que cette dernière avait créé Harry Potter en se basant sur sa propre enfance : il serait donc le « vrai » Harry Potter[26], déclaration télévisée qui lui avait assuré une « petite notoriété[27] ». Nous pouvons également citer l'émission *The Moment of The Thruth* présentée en 2008 par l'acteur Mark L. Walberg, et dans laquelle des anonymes sont interrogés sur leur vie personnelle et intime : s'ils disent la vérité (attestée par le polygraphe), ils peuvent gagner jusqu'à 500 000 dollars. Version américaine d'une émission colombienne annulée après qu'une femme eut avoué avoir engagé quelqu'un pour tuer son mari[28], il s'agit, dans l'histoire de la Fox, de l'émission dont la première a été le plus regardée : celle-ci a en effet réuni 23 millions de spectatrices et spectateurs lors de son lancement, principalement des adolescent·es et des 18-34 ans. À titre de comparaison, la série à succès *Desperate Housewifes* sur la même chaîne en avait réuni 22 millions pour sa première diffusion en 2004. C'est dire à la fois la popularité des productions culturelles relatives à la détection du mensonge, la place du polygraphe dans la culture populaire américaine et dans l'industrie audiovisuelle, et, surtout, le rôle de

26 « Polygraphs latest reality setting », *Los Angeles Times*, 1er février 2005.

27 Nick Jeffery, « Rowling's American Family », 24 octobre 2021, www.hogwartsprofessor.com.

28 Alessandra Stanley, « Fishing for True Confessions by Dangling a Pot of Gold », *The New York Times*, 25 janvier 2008.

cette dernière dans la vulgarisation, la popularisation durable et la diffusion de théories (prétendument) scientifiques mais qui sont en réalité fausses ou obsolètes[29].

Or, contrairement à une idée reçue en partie induite par la multiplication de ces films et séries qui ont popularisé son utilisation par des policiers américains souvent héroïsés, l'usage du polygraphe n'est pas spécifiquement états-unien. Non seulement de nombreux pays dans le monde l'utilisent dans le cadre des enquêtes et investigations criminelles, mais le continent européen lui-même n'est pas exempt de telles pratiques. Invisibilisée et très encadrée, la pratique du test polygraphique se retrouve par exemple en Allemagne[30] : elle est uniquement utilisée « à décharge » dans les affaires familiales, civiles et plus rarement pénales[31], et seuls les experts en psychologie légale peuvent y avoir recours. Une analyse des décisions récentes de la Cour européenne des droits de l'homme témoigne également d'un usage du polygraphe en Lituanie[32], en Bulgarie, et surtout en Roumanie, pays dans lequel il est constamment

29 Comme l'a montré Sébastien Lemerle à propos de la théorie du « cerveau reptilien » : *Le Cerveau reptilien. Sur la popularité d'une erreur scientifique*, Paris, CNRS Éditions, 2020, p. 242 et suivantes notamment.

30 Leur utilisation a été déclarée inconstitutionnelle en 1954, « inappropriée » en 1998 et ne peut être mobilisée par la police pour obtenir des aveux (Bettina Paul, Larissa Fischer, Torsten H. Voigt, « Anachronistic Progress? User Notions of Lie Detection in Juridical Field », *Engaging Science, Technology, and Society*, n° 6, 2020, pp. 328-346).

31 Les rares cas (2013 et 2017) sont relatifs à des affaires de violences et de crimes sexuels : les accusés sont acquittés ou tentent de se faire acquitter par le recours à un test polygraphique.

32 En mai 2010, il a par exemple été utilisé dans le cadre d'une affaire de meurtre et retenu par le tribunal comme « élément de preuve ». Le policier en charge de l'examen indique lors du procès avoir déjà fait passer cinquante-cinq tests de la sorte (CEDH, 31 mai 2011, Birznieks c. Lettonie).

évoqué comme preuve en matière pénale, et demandé tant par les juges que par des victimes souhaitant confondre leur agresseur[33]. La détection du mensonge y est tellement reconnue et mobilisée que les membres du parquet n'hésitent pas à y recourir dans des affaires médiatisées de corruption impliquant des hommes politiques, qui y sont dès lors soumis[34]. Néanmoins, le pays européen dans lequel le polygraphe est le plus utilisé est la Belgique, qui y a recours depuis plus de vingt ans, à raison d'environ 450 dossiers par an.

Comme la plupart des pays européens, la Belgique s'est longtemps montrée réticente à reconnaître valeur de preuve au polygraphe. Son introduction dans la pratique policière belge doit à l'affaire des tueries du Brabant (1982-1985), une série d'attaques à main armée au cours desquelles 28 personnes dont des enfants sont tuées[35], et pour laquelle aucune preuve n'existe pour incriminer les suspects. Devant l'impossibilité de résoudre l'affaire et de faire avancer l'enquête, la police belge fait alors appel à des experts polygraphes canadiens et sud-africains venus montrer le déroulement du test et procéder eux-mêmes aux interrogatoires des suspects, finalement

33 La CEDH ne remet jamais en cause l'utilisation du détecteur de mensonge, si celui-ci n'est qu'un élément de preuve parmi d'autres. En revanche, s'il s'agit là du dispositif clé de l'enquête, elle estime que la « recherche et l'administration de preuves fiables » autres que ce dernier auraient dû être effectuées (voir par exemple CEDH, 17 janvier 2017, Mazilu c. Roumanie).

34 L'ancien Premier ministre et président du Sénat Calin Popescu Tariceanu a ainsi passé un test de mensonge en 2016 lorsqu'il a été entendu comme témoin dans une affaire de corruption (Irina Marica, « Romanian anticorruption prosecutors ask Senate president to take lie detector test », *Romania Insider*, 15 septembre 2016).

35 Cette affaire n'est toujours pas résolue, les tests ayant principalement servi à disculper certains suspects.

innocentés. Dès la fin des années 1990, tandis que des policiers belges se forment à cette technique, d'autres juges belges vont y avoir recours pour des affaires particulièrement graves (meurtres, crimes sexuels, incendies criminels) jusqu'à l'encadrement de cette technique policière par une circulaire du ministère de la Justice en 2003. En raison de son efficacité proclamée – trois quarts des suspects seraient innocentés ; entre 10 et 15 % d'entre eux avoueraient avant ou pendant le test[36] – et tandis que son usage s'étend à la fois aux témoins, aux indicateurs de la police, et à la lutte contre le terrorisme, le parlement belge adopte en 2020 une loi donnant un cadre légal au détecteur de mensonge[37]. Filmé, réalisé en présence d'un avocat moyennant le consentement de la personne concernée, son usage est limité aux affaires pour lesquelles il n'existe pas d'éléments probants, les femmes enceintes et les mineurs en sont exclus. En reconnaissant que le test polygraphique est une preuve parmi d'autres, la Belgique va ainsi plus loin que de nombreux pays qui l'admettent dans le cadre de l'interrogatoire policier mais l'ont exclu des tribunaux, comme au Canada ou aux États-Unis.

En ce sens, et dans le cas de l'importation tardive de cette modalité d'interrogatoire (plus de cinquante ans après sa conception), les tests polygraphiques peuvent être considérés comme des dispositifs policiers d'exception, utilisés dans des contextes de crise ou lors d'évènements critiques, dispositifs qui sont

---

36 Bernard Lobet, « Le détecteur de mensonge intègre légalement les techniques d'interrogatoire de la police », RTBF, 18 janvier 2020.

37 RTBF, 30 janvier 2020.

ensuite normalisés au gré des nouveaux défis sécuritaires. De manière tout à fait traditionnelle en ce qui concerne l'exception, leur usage devient dès lors banal et ordinaire et tend progressivement à toucher d'autres cibles que celles initialement visées. Tout au moins la tentation est grande, comme nous le verrons plus bas à propos du Royaume-Uni, d'étendre sans cesse le groupe des personnes déviantes ou suspectes devant être soumises à des méthodes d'investigation, d'enquête et d'interrogatoire exceptionnelles. Et si le recours au polygraphe transforme l'interrogatoire en interrogatoire d'exception, c'est à la fois parce que ce dernier s'appuie sur une expertise et une technique pseudo-scientifiques, et qu'il repose sur des formes de persuasion et de violences symboliques tout à fait singulières à des fins d'obtention de l'aveu.

En Belgique comme ailleurs, le test polygraphique se déroule toujours de la même manière : avant l'interrogatoire policier, des capteurs sont placés sur le corps de la personne interrogée (torse, bras, doigt) et visent à mesurer ses paramètres physiologiques, tels le rythme cardiaque, la respiration, la sudation ou la tension ; tandis que les résultats obtenus suite aux réponses « oui »/« non », sont enregistrés sur un graphe. L'émotion, et en particulier le stress provoqué par le mensonge, se manifesterait dès lors par des variations physiologiques (transpirer davantage par exemple), retraduites sous forme de courbes. Il s'agit là du dispositif de véridiction tel qu'il a été mis au point aux États-Unis juste avant le déclenchement de la Première Guerre mondiale, à partir de nombreuses expériences psychologiques, médicales et criminologiques, et d'un ensemble d'instruments déjà utilisés en Europe et aux États-Unis au XIXe siècle : le sphygmographe, destiné à enregistrer le pouls ; le galvanomètre, mesurant la résistance électrique de la peau ; le pneumographe, qui enregistre les mouvements respiratoires ; ou encore le kymographe, un appareil d'enregistrement permettant de retranscrire sur papier, avec un stylet, les modifications de la pression artérielle[38]. Le célèbre criminologue Cesare Lombroso est lui-même central dans cette histoire, ayant dès 1895 utilisé un pléthysmographe et un hydrosphygmographe pour confirmer, par la mesure de la fréquence du pouls et de la pression sanguine, l'absence d'émotion chez les criminels[39]. Ce sont les assemblages successifs de ces instruments qui ont permis de construire le polygraphe et de développer une technologie de la détection du mensonge fondée sur un bouleversement criminologique majeur : le mensonge n'est plus seulement une caractéristique du criminel, l'une de ses « tendances immorales[40] » comme l'écrivait Lombroso, mais le mensonge vient révéler la culpabilité du sujet si ce n'est l'acte criminel lui-même.

Pourtant, et comme le reconnaissait l'un des concepteurs du polygraphe, le juriste et psychologue William Moulton Marston, ultérieurement

38 Susan Weber, *The Hidden Truth: A Sociological History of Lie Detection*, Thesis submitted in fulfilment of the Ph.D in Sociology, London School of Economics and Political Science, 2014, p. 81

39 Geoffrey C. Bunn, *The Truth Machine. A Social History of The Lie Detector*, Baltimore, The Johns Hopkins University Press, 2012, p. 188.

40 Cesare Lombroso, *op. cit.*, p. 119.

connu à la fois pour avoir été le premier à tenter de faire reconnaître le polygraphe comme preuve au sein des tribunaux américains et pour avoir créé *Wonder Woman* dans les années 1940[41], l'instrument ne détecte pas le mensonge : au mieux, expliquait-il, le polygraphe peut déceler une émotion quand le sujet ment. Le consultant Leonarde Keeler, qui a perfectionné l'appareil, l'a commercialisé, et a contribué à sa policiarisation en le faisant entrer dans les commissariats américains dans les années 1930, déclarait lui-même en 1934 : « Il n'existe pas de détecteur de mensonge. Il n'existe aucun instrument enregistrant les changements corporels, tels que la pression sanguine, le pouls, la respiration ou le réflexe galvanique, qui mérite le nom de "détecteur de mensonge" ( ). Cependant, la tromperie, la culpabilité ou l'innocence peuvent être diagnostiquées à partir de certains symptômes, tout comme l'appendicite, la paranoïa ou tout autre trouble physique ou mental peuvent être diagnostiqués. » Ici associé à une maladie pour renforcer le caractère scientifique de ce dispositif de véridiction qui devient de plus en plus populaire aux États-Unis, le mensonge se dévoilerait ainsi par le stress qui en serait l'un des symptômes. Or, disons-le tout net, non seulement ce stress peut en réalité être provoqué par tout autre chose, comme la chaleur, une douleur subite (rage de dent) ou par les conditions de passation du test lui-même (attitude menaçante de l'interrogateur, crainte d'être victime de

41 Geoffrey C. Bunn, « The lie detector, *Wonder Women* and liberty: the life and work of William Moulton Marston », *History of The Human Sciences*, vol. 10, n° 1, 1997, pp. 91-119.

discriminations[42]), mais le lien entre une émotion enregistrable et le mensonge n'a jamais été établi. Tout comme celui entre mensonge et culpabilité. C'est la raison pour laquelle cette technologie est souvent considérée comme tout aussi efficace qu'un jet de pièce en l'air (pile/vérité ; face/mensonge), que l'interprétation d'un tirage de tarot divinatoire ou que notre propre capacité à découvrir si une personne ment : nous avons en effet une chance sur deux de nous tromper !

Ce caractère pseudo-scientifique du « détecteur de stress », comme il devrait être nommé, a engendré d'innombrables débats sur sa fiabilité, sa précision, et son statut éthique, débats qui éclairent tout autant la fascination exercée par l'instrument que, surtout, les luttes pour le monopole de l'expertise des criminels et des déviants, avec tous les enjeux professionnels et économiques que cela sous-tend. Mais ces débats chiffrés, qui portent sur les taux de réussite des tests polygraphiques et sur le nombre de « faux positifs » décelés (personnes considérées à tort comme ayant menti) continuent de faire vivre et exister cet appareil qui, en raison même de son absence de scientificité, a été écarté comme preuve par les tribunaux américains dès les années 1920. En effet, qu'il s'agisse de le dénoncer comme la

42 De nombreuses études évoquent les discriminations raciales à l'œuvre dans les technologies de détection du mensonge, d'une part parce que les personnes analysant les courbes du polygraphe concluent davantage au mensonge dans le cas de personnes racisées (elles sont majoritaires à subir des faux positifs), et d'autre part parce que la crainte d'être discriminé·e et victime de racisme peut se manifester par des réactions physiologiques telle l'augmentation de l'activité cardiaque (NRC, *The Polygraph and Lie Detection, op. cit.*, p. 137).

matérialisation d'une pseudo-science ou au contraire d'en défendre l'usage, les prises de position sur les tests polygraphiques favorisent leur légitimation, à la fois en lui attribuant le statut de dispositif dont l'efficacité mérite d'être débattue, et incidemment en ne rejetant pas le principe même de leur existence ou de leur utilisation; et en le parant d'attributs scientifiques, tant par le nombre d'articles publiés dans des revues appartenant à différents champs disciplinaires que par les noms et parfois le capital symbolique de celles et ceux qui les signent. Par exemple, l'un des chercheurs critiques le plus cité est le psychologue et neuropsychiatre David Lykken, connu et reconnu pour ses recherches sur les jumeaux, et qui, dès les années 1980, multiplie les recherches pour démontrer que le polygraphe n'est pas efficace (47 % de faux positifs), tout en lui attribuant une fiabilité de 70 % et en développant sa propre méthode de détection des mensonges focalisée sur la mémoire comme nous le verrons au chapitre 3. Ces acteurs, auxquels il faut ajouter les journalistes, participent donc à la diffusion de l'idée selon laquelle le polygraphe (ou tout autre dispositif de véridiction) peut ou pourrait être efficace. Et il s'agit là d'un enjeu économique et répressif majeur pour qui les vend et les utilise: avant même de vouloir susciter la peur et obtenir l'aveu, ou plus précisément pour susciter la peur et faire avouer, il faut faire croire à son bon fonctionnement et à sa capacité à distinguer le vrai du faux. C'est ce que l'historien américain Ken Alder appelle, en reprenant une terminologie médicale, « l'effet placebo[43] » du

43 Ken Alder, art. cit., p. 2.

polygraphe : peu importe que ce dernier soit capable de détecter le mensonge ou non, l'important est que les suspects croient en sa capacité à le faire.

Cet enjeu de « faire croire pour faire dire » est tel que les interrogateurs utilisent dès les années 1930 la « méthode de la carte », inventée par le consultant Keeler. Pour officiellement comparer une réponse « vraie » (« j'ai pris le bus ce matin ») et un mensonge à des fins de bon fonctionnement de l'appareil, cette méthode vise à faire mentir la personne interrogée. Le principe est le suivant : cette dernière choisit une carte parmi six ou sept cartes (un 5 de trèfle par exemple), la remet dans le paquet, et tandis que l'interrogateur fait passer les cartes une à une, doit indiquer à chaque fois qu'il ne s'agit pas de la bonne. Ensuite, et en regardant attentivement le polygraphe, l'interrogateur affirme avoir repéré la bonne carte et décelé le mensonge. Cela étant impossible, diverses techniques sont utilisées comme par exemple le comptage ou le marquage des cartes. Ce conditionnement remplit ainsi deux objectifs : premièrement faire mentir le suspect ; et deuxièmement faire croire à l'infaillibilité de la machine. Si bien que l'interrogatoire, dont l'objectif est de faire « jaillir la vérité », commence avec un double mensonge, celui de l'interrogateur et celui de l'interrogé, et repose sur une ruse pour susciter peur et angoisse chez la personne interrogée.

La stratégie du « (faire) mentir » ou du tour de magie – Keeler fut appelé non sans raison « le magicien » et était amateur de magie – appelle une remarque importante sur la place du mensonge scénarisé dans les examens dits « de détection du mensonge ». Ce dernier est en effet le dispositif clé de toutes les recherches actuelles sur la détection du mensonge, et des recherches neuroscientifiques en particulier. Comme dans le cas de la méthode de la carte, d'ailleurs souvent utilisée, il s'agit de demander à un groupe de personnes (en général des étudiant·es payé·es quelques dollars) de mentir délibérément sur une action répréhensible commise dans le cadre d'un scénario écrit au préalable : voler quelque chose par exemple, puis nier l'avoir volée. Aussi, la mesure de l'efficacité des instruments de véridiction repose aujourd'hui presque exclusivement sur la « découverte » de mensonges délibérés et connus de toutes et tous, interrogateurs et interrogé·es dans un contexte où personne ne risque sa liberté ou sa vie. Or, ce sont ces appareils qui vont ensuite être introduits dans un cadre répressif pour y soumettre des justiciables.

Brouillant la frontière entre le vrai et le faux, la méthode de la carte n'est pourtant que l'illustration paroxystique d'un processus de déstabilisation des suspects que l'on retrouve au cœur même de l'interrogatoire, par les questions posées. En effet, lors d'un test polygraphique classique, dit « *Control Question Test* » (CQT), l'interrogateur pose trois types de questions, répétées plusieurs fois sous différentes formes et interverties : les questions « classiques » sur le nom ou l'âge de la personne interrogée, ou sur le jour de l'interrogatoire ; les questions pertinentes qui se rapportent à l'infraction supposément commise

(« avez-vous tué votre femme? »); et, ce qui nous intéresse ici, les questions de contrôle, qui ont toutes un lien avec un comportement répréhensible, délictuel ou criminel. « Avez-vous déjà trahi quelqu'un qui avait confiance en vous?[44] », « avez-vous déjà menti à un proche? », « avez-vous déjà volé quelque chose sur votre lieu de travail », mais aussi « avez-vous déjà commis une agression sexuelle/un crime? » sont les questions les plus courantes. Outre que certaines d'entre elles peuvent contraindre le sujet à mentir (« non » à la question « avez-vous déjà menti? »), la plupart ont pour objectif de stresser la personne interrogée, de l'intimider ou de lui faire peur. Les partisans et défenseurs du test polygraphique soutiennent d'ailleurs l'idée que la personne qui dit vrai ou est innocente sera plus stressée par ces questions de contrôle que par les questions relatives au crime, tel le psychologue américain William Iacono qui écrit: « Les questions de contrôle sont les seules questions pour lesquelles les innocents ont raison de s'inquiéter »[45]. Par la suite et en cas de variations significatives des courbes sur le graphe ou même en leur absence, l'interrogateur peut continuer à faire pression sur la personne interrogée en montrant l'appareil: « vous mentez/tu mens », « l'appareil indique que vous mentez » etc. Précisons qu'évidemment la personne interrogée ne peut jamais voir le graphe et ne doit pas le voir, dispositif spatial qui renforce la violence symbolique des tests et autorise toutes sortes

44 American psychological association, « The Truth About Lie Detectors », 5 août 2004, apa.org.

45 William G. Iacono, « Effecting policing. Understanding How Polygraph Tests Worked and Are Used », *Criminal Justice and Behaviour*, vol. 35, n° 10, octobre 2008, p. 1296.

d'arrangements et de manipulations psychologiques de la part des interrogateurs[46]. C'est cet ensemble de stratégies de persuasion (le « faire croire » et le « faire mentir ») et d'intimidation, renforcé par le caractère visiblement scientifique voire médical du test attesté par les capteurs reliés au graphe invisible, qui peut ainsi concourir à obtenir l'aveu.

La question du consentement est ici essentielle, puisque dans tous les régimes démocratiques, le test polygraphique ne peut commencer sans le consentement des personnes suspectées d'avoir commis un crime. Le fait que les suspects puissent refuser de s'y soumettre est dès lors le plus souvent présenté par les défenseurs du polygraphe comme un gage du respect des droits des justiciables et, plus généralement, de l'État de droit. Et en effet, en matière punitive, il n'y a ni consentement ni accord. Sauf dans les cas d'une utilisation politique voulue et anticipée de la justice (se faire volontairement emprisonner pour ensuite créer un procès politique par exemple), dans le cas de remords suite à la commission d'un crime, d'une reconnaissance de la culpabilité pour amoindrir la peine, ou, plus généralement, d'une acceptation de la sentence punitive (pensons à Socrate), rares sont les justiciables suspects qui consentent à leur répression. Cette dernière est (une) contrainte, la notion de consentement quasi inexistante, et le refus de se soumettre aux agents répressifs lors du processus de criminalisation et, surtout, de gêner le travail de recueil de preuves, puni. Il en va ainsi

46 Susan Weber, *op. cit.*, p. 164.

par exemple du refus de se soumettre à un contrôle d'identité ou à un contrôle d'alcoolémie, du refus du prélèvement ADN, ou encore du refus de donner le code de son téléphone portable en garde à vue[47], passibles de poursuites et de sanctions diverses.

Les tests de détection du mensonge font ainsi exception puisqu'ils reposent précisément sur le consentement de la personne susceptible d'être interrogée, consentement réinscrit dans un ensemble de droits tel celui de se défendre, et, surtout, de ne pas s'auto-incriminer. Or, cette demande de consentement ne fait que témoigner en creux de l'absence de scientificité de la méthode polygraphique, de son impossible assimilation aux autres techniques de recueil de la preuve auxquelles il est obligatoire de se soumettre, et des atteintes portées aux droits et garanties des cibles des institutions répressives. Aussi, ce qui peut apparaître comme un gage démocratique n'est ainsi que la reconnaissance du double caractère dérogatoire des dispositifs de véridiction, à la fois au regard des normes relatives à l'enquête policiaro-judiciaire, et à celles garantissant les droits de la défense et des personnes mises en accusation. Et ce d'autant plus que ce consentement est doublement vicié.

D'une part, nous y insistons, l'examen tout entier repose sur l'imposition d'une croyance en la scientificité du polygraphe et en sa capacité à détecter le mensonge. La signature du procès-verbal de

47 En France, et en cas de réquisition judiciaire, le refus de donner son code peut constituer une infraction.

consentement, sans lequel le test polygraphique (ou autres) ne peut commencer, vise alors tout autant à soumettre l'individu à un interrogatoire policier dont l'exceptionnalité même est attestée par le document à signer, qu'à ratifier la croyance en son efficacité. Le tour de force des experts et des policiers est d'autant plus grand que chaque test réalisé renforce la légitimité du suivant, et que leur nombre participe de ce double processus de scientificisation et de légitimation. Et que dire des personnes qui, criant leur innocence, réclament de « passer le détecteur de mensonge »? Nous pensons ici aux parents de Maddie McCann, cette petite fille de 4 ans qui a été enlevée au Portugal en 2007, et qui, mis en examen pour homicide volontaire et dissimulation de cadavre, ont déclaré publiquement qu'ils souhaitaient se soumettre au polygraphe[48].

D'une part et incidemment, si le consentement est vicié, c'est qu'il y a la crainte, chez les suspects, que le refus de se soumettre au test soit interprété (par les policiers, les juges professionnels, le jury, l'opinion publique) comme un aveu de culpabilité. « *Devant des jurés en face d'une cour d'assises, ça peut produire un effet extrêmement négatif d'avoir refusé le polygraphe* », explique le criminologue belge Bernard Renard[49]. Ce refus est par ailleurs largement exploité par les acteurs travaillant à la résolution d'affaires criminelles en amont des procès (experts polygraphes et procureurs en particulier), ces derniers créant dans leurs interventions

48 « Les parents de Maddie veulent subir un test », *L'Obs*, 21 septembre 2007.
49 RTL Info, 18 janvier 2020.

publiques une opposition binaire entre refus du test=culpabilité et entre acceptation=innocence, ou, plus généralement, entre « cacher quelque chose » et « n'avoir rien à se reprocher ». Par exemple, dans le cadre de l'enquête sur l'incendie d'un foyer pour personnes âgées qui a causé la mort de 32 personnes en 2014 au Québec, l'expert canadien en polygraphie le plus sollicité, John Galianos, explique, à propos d'un gardien de nuit soupçonné : « S'il a quelque chose à cacher, c'est son jeu de ne pas passer le test. Mais si les enquêteurs ont été professionnels et s'il n'a rien à se reprocher, il devrait courir au polygraphe[50] ». Dans une autre affaire – le meurtre d'une petite fille de 9 ans, disparue en 2007, jamais élucidé –, le principal suspect a, pendant plusieurs années, refusé de se soumettre au détecteur de mensonge (cinq fois). Le même expert canadien, qui se prévaut d'avoir réalisé 6 000 tests dans sa carrière, assène : « C'est un peu comme une personne qui refuse de se soumettre au test de l'ivressomètre. Généralement, c'est que la personne sait qu'elle a de l'alcool dans le corps »[51]. Au-delà de montrer comment les experts tentent de rendre scientifiques leur appareil et leur savoir-faire, avec ici une comparaison entre polygraphe et éthylomètre, entre mesure du stress et calcul du degré d'alcoolémie ou entre alcool et mensonge, on saisit la manière dont le cadrage médiatique des tests polygraphiques peut non seulement invalider les déclarations d'innocence mais, avant tout

50 Claudia Berthiaume, « Drame de L'Isle-Verte. Test du polygraphe refusé », *Le Journal de Montréal*, 13 août 2014.

51 Tvanouvelles.ca, 31 août 2016.

jugement, affaiblir considérablement la présomption d'innocence et plus généralement mettre à mal les principes du procès équitable.

Qu'elle croie ou non en la capacité du polygraphe à détecter le mensonge, la personne suspectée est ainsi placée devant un dilemme : soit elle refuse le test, et prend le risque de renforcer la suspicion à son égard voire de « passer » pour la coupable, avec toutes les conséquences y affairant (judiciaires, professionnelles, privées) ; soit elle l'accepte dans l'espoir d'être innocentée, ou, en cas de culpabilité, dans l'espoir de tromper la machine. On peut d'ailleurs supposer que ce stress pré-test, alimenté par les stratégies des avocats qui conseillent souvent à leurs clients de refuser de s'y soumettre en raison du taux élevé de faux positifs, est partie intégrante de ce processus de véridiction visant à angoisser et à troubler les suspects à des fins d'obtention de l'aveu. Peut-être même explique-t-il les aveux effectués juste avant l'interrogatoire policier, aveux dont se targuent les défenseurs du polygraphe.

Le test dit de « détecteur de mensonge » se donne ainsi à voir comme un piège policiaro-judiciaire dans lequel la personne interrogée a officiellement accepté de tomber, ce qui a pour but tant de le démarquer d'un dispositif contraignant et violent d'obtention de l'aveu (la torture), que de renforcer sa légitimité répressive et sécuritaire. Mais on pourrait aller plus loin, et voir dans ces tests et le nécessaire consentement qui les précède une épreuve, au sens que lui a donné Michel Foucault dans ses divers travaux sur la justice et l'aveu. Outre que ce dernier doit depuis toujours « être libre[52] » et « spontané[53] », c'est-à-dire donné sans contrainte et selon un ensemble de règles prédéfinies, le philosophe a en effet montré comment l'enquête judiciaire telle que nous la connaissons aujourd'hui a éliminé ce qu'il appelle « l'épreuve » ou le « jeu d'épreuve », et qui consistait à lancer un défi à l'adversaire ou au suspect. L'un des premiers exemples historiques donnés par Foucault est celui du défi lancé par Ménélas à Antiloque qu'il accuse d'irrégularité lors d'une course de chars : « Posez votre main droite sur le front de votre cheval, tenez avec votre main gauche le fouet, et jurez devant Zeus que vous n'avez pas commis d'irrégularité ». Et Foucault rajoute à propos de cet épisode de l'Iliade : « À ce moment Antiloque, devant ce défi qui est une épreuve, renonce à l'épreuve, renonce à prêter serment et reconnaît ainsi qu'il a commis l'irrégularité[54] ». Propres à la société grecque archaïque mais se retrouvant au Moyen Âge dans le droit féodal, ces épreuves sont diverses : à côté des épreuves sociales (réunir un certain nombre de témoins) et des épreuves corporelles ou ordalies (marcher sur des braises, être jeté à l'eau) existait un ensemble d'épreuves dites « magico-religieuses » qui consistaient à demander à l'accusé de prêter serment. « Au cas où il ne l'osait pas ou hésitait, écrit Foucault, il perdait le procès ». Dans tous les cas, la personne

52 Michel Foucault, *Mal faire, dire vrai. Fonction de l'aveu en justice*, Louvain-La-Neuve, Presses Universitaires de Louvain, 2012, p. 5

53 Michel Foucault, *Surveiller et punir…*, *op. cit.*, p 49.

54 Michel Foucault, « La vérité et ses formes juridiques », in *Dits et écrits 1 - 1954-1975*, Paris, Gallimard, 2001, p. 1424 et suivantes.

mise en accusation pouvait renoncer mais « perdait son procès d'avance », c'est-à-dire échouait.

En suivant Foucault qui place la séquence interrogatoire-aveu contemporaine à l'intersection des pratiques policiaro-judiciaires modernes et du « vieux rituel de la vérité-épreuve »[55], on peut ainsi voir dans l'usage policier du polygraphe une épreuve à double titre. Non seulement il est l'une des techniques pour « faire parler » et « faire craquer » la personne interrogée dans le cadre d'une épreuve qui consiste à technologiser et à médicaliser l'interrogatoire (être soumis à un instrument doté de pouvoirs dits « exceptionnels », à la fois scientifique et magique, avec ses électrodes et son graphe), mais il est également un instrument de partage entre les menteuses/menteurs et les autres, entre les coupables et les innocent·es, avec cette spécificité qu'il permet de trier la population suspecte non seulement après les résultats du test mais aussi en amont, en fonction de leur consentement ou non à l'une des étapes officiellement non obligatoire du processus de répression.

55 Michel Foucault, « La maison des fous », in *Idem.*, p. 1562.

2
Avouer ses déviances, révéler sa monstruosité

Les détecteurs de mensonge entretiennent des liens complexes avec la torture et, plus généralement, avec la violence étatique. D'un côté ils sont mobilisés dans le contexte des nouvelles modalités du pouvoir de punir, de châtier et d'obtenir l'aveu apparues dès le XVIIIe siècle, et qui se traduisent en particulier par la disparition des châtiments et des supplices corporels[56]. Les partisans de la détection du mensonge à visées punitives ne cessent de le répéter : les dispositifs de véridiction contemporains permettent d'obtenir des aveux sans violence physique ni contrainte, et sont un bon palliatif à l'interdiction de la torture. D'un autre côté on vient de le dire, leurs usages s'inscrivent bien, comme la torture, dans la généalogie des techniques destinées à obtenir l'aveu, et même des épreuves qui mettent au défi les suspects. Plus encore, ils recèlent bien une part de violence, non seulement parce qu'ils sont mobilisés comme techniques médicales, policières et expertes d'obtention de l'aveu dans des cadres répressifs où s'exerce une violence *a minima* symbolique, mais aussi et surtout parce qu'ils peuvent se donner à voir comme un instrument punitif devant contraindre la personne mise en accusation à s'auto-incriminer, à révéler ses secrets les plus intimes, et, plus encore, à avouer ses déviances, son anormalité si ce n'est sa monstruosité. La comparaison avec la torture se justifie d'autant plus que l'on regarde les effets escomptés des tests réalisés – susciter la peur, intimider, faire avouer, violenter – et les modalités concrètes de véridiction qui s'apparentent bien

56 Michel Foucault, *Surveiller et punir…*, *op. cit.*, p. 87 et suivantes.

souvent à des traitements inhumains et dégradants, notamment lorsqu'elles poursuivent des visées discriminatoires. Cela est particulièrement le cas de leur usage médico-répressif dans le cadre du traitement de la criminalité et de la délinquance sexuelles[57] et, plus généralement, dans le cadre de politiques de vérité du sexe.

En effet, si le polygraphe est aujourd'hui principalement utilisé comme producteur et facilitateur d'aveu, il l'est aussi comme détecteur de déviance et d'anormalité et, plus précisément, comme instrument de traque des « aveux de la chair » pour reprendre le titre d'un ouvrage de Michel Foucault[58]. En effet, et s'inspirant en cela des États-Unis, un ensemble de pays dont le Canada, les Pays-Bas et surtout le Royaume-Uni utilisent aujourd'hui le polygraphe dans le cadre de la gestion de la délinquance sexuelle, et ce tant dans le cadre de la probation que dans l'évaluation des risques de récidives. Le Royaume-Uni est l'un des pays les plus stricts en matière de délinquance sexuelle comme l'attestent de nombreux dispositifs dont la plupart visent les pédophiles (emprisonnement à vie, registre des délinquants sexuels, zone d'exclusion, mesures d'éloignement, couvre-feux, obligation de respect des programmes de traitement, restrictions d'accès à internet ou interdiction de détenir du matériel téléphonique ou informatique) ou des projets politiques,

57 Nous nous appuyons ici sur les travaux du spécialiste de la question, le sociologue Andrew Balmer : *Lie Detection and the Law. Torture, Technology and Truth*, London, Routledge, 2018.

58 Michel Foucault, *Histoire de la sexualité IV, Les Aveux de la chair*, Paris, Gallimard, 2018.

comme celui de suivre les mouvements des anciens condamnés à l'aide de balises satellites. L'usage de la détection technicisée du mensonge s'inscrit ainsi dans ce traitement très répressif des crimes et des délits sexuels sur mineur·es, la gestion étatique de ces derniers se caractérisant de manière générale par un empilement de mesures sécuritaires le plus souvent adoptées dans le cadre d'affaires d'abus sexuels exploitées par des politiques, des médias, ou des groupes d'intérêt.

Dans le cas du Royaume-Uni, c'est l'affaire Geoffrey Prime, ancien membre de la Royal Air Force condamné au début des années 1980 à trente-huit ans de prison pour espionnage et abus sexuel sur mineurs, et libéré en 2001, qui convainc le gouvernement britannique d'envisager le recours au polygraphe[59]. S'appuyant sur les conclusions de psychologues ayant mené des tests sur des hommes en probation et volontaires dès le début des années 2000 et selon lesquels le polygraphe favorise l'obtention d'informations qu'il serait impossible d'obtenir autrement (« éventail de l'intérêt et des comportements paraphiliques », cumul et précocité des comportements délictueux)[60], le ministère de la Justice commande un test pilote réalisé entre 2009 et 2011 par des chercheurs de l'Université du Kent. Leur rapport, largement médiatisé, fait apparaître que les personnes

59 Andrew Balmer, Ralph Sandler, « Making Monsters : The Polygraph, The Plethysmograph and the Performance of Abnormal Sexuality », *Law and Society*, vol. 39, n° 4, 2012, p. 598.

60 Ces études comparent les déclarations des hommes devant les agents de probation et celles faites lors du test polygraphique (Daniel T. Wilcox, Rosie Gray, « The Use of The Polygraph with Sex Offenders in the UK », *European Polygraph*, vol. 6, n° 19, 2021, p. 56).

en liberté conditionnelle feraient « deux fois plus » de révélations qu'en temps ordinaire : ils avoueraient avoir contacté une victime, être entrés dans une zone d'exclusion ou encore avoir eu des pensées pouvant révéler un risque de récidive. Le polygraphe apparaît alors comme une modalité d'obtention de ce que les Anglo-Saxons appellent les *risk-relevant disclosures* (RRDs), à savoir des divulgations pertinentes au regard du risque. Après cet « essai réussi », le ministre de la Justice britannique rend le test obligatoire – une loi a été votée en 2013 visant les personnes représentant un risque élevé de récidive – et dès 2014 une école pour former des agents de probation capables de faire passer les tests de détection du mensonge est créée[61]. Dès cette date également, ceux condamnés pour délits ou crimes sexuels doivent se soumettre au polygraphe tous les six mois et, s'ils échouent au test, peuvent être renvoyés en prison. Entre 2014 et 2018, période lors de laquelle les examens polygraphiques ont été utilisés près de 4 500 fois, 160 personnes sont ainsi réincarcérées pour avoir « échoué » aux tests, fait des révélations ou adopté un comportement suspicieux aux yeux des agents de probation lors de ces séances[62]. Dans cette période également, les forces de police du Royaume-Uni commencent elles aussi à utiliser le polygraphe dès l'arrestation d'individus interpellés pour des délits sexuels commis sur internet et ce dans l'objectif de déterminer, avant leur condamnation, la gravité des comportements sexuels adoptés et leur degré de risque pour la société. Récemment

61 « Compulsory lie detector tests for serious sex offenders », site du gouvernement britannique, 27 mai 2014.

62 « Lie detector have been used to send 160 sex offenders back to prison », *The Telegraph*, 16 février 2018.

enfin, en septembre 2021, un projet de loi rédigé par le ministère de la Justice prévoit d'élargir la liste de celles et ceux dorénavant soumis au polygraphe : les délinquants sexuels condamnés pour des infractions moins graves, les terroristes et les auteurs de violences conjugales[63].

Dans le cadre de la gestion des risques liée à la criminalité et la délinquance sexuelles, l'outil utilisé est le même que dans le cadre de la phase policière des affaires criminelles (le polygraphe), tout comme l'objectif affiché, celui de détecter le mensonge, et de distinguer le « vrai » du « faux ». Néanmoins, il ne vise plus à orienter des enquêtes ou à interroger des suspects à des fins de criminalisation ou de disculpation, mais s'intègre dans le suivi post-carcéral de certains individus qui ont déjà été condamnés et purgés leur peine. L'usage du détecteur de mensonge n'est ainsi que l'une des mesures de surveillance d'anciens prisonniers considérés comme dangereux, dans un contexte de focalisation sécuritaire sur la récidive et de prise en compte croissante de la dangerosité de personnes considérées comme des menaces et des dangers[64]. Plus précisément encore, il doit être réinscrit dans le cadre d'une répression post-peine qui s'étend et se renforce depuis plusieurs années, notamment dans le cadre de la lutte antiterroriste, et qui se traduit par un ensemble de dispositifs allant par exemple, dans le cas de la France, du fichage à

63 « Polygraph testing measures in the Police, Crime, Sentencing and Courts Bill : Equalities Impact Assessment », site du gouvernement britannique, 13 septembre 2021.

64 Mireille Delmas-Marty, *Libertés et sûreté dans un monde dangereux*, Paris, Seuil, 2010.

l'obligation de « pointer » au commissariat tous les trois mois. Néanmoins, la spécificité des cibles de ce dispositif de véridiction doit ici être soulignée, tant elle joue sur ses utilisations répressives, et sur les types d'aveux escomptés. En l'occurrence, si cette mesure a pu être votée au Royaume-Uni et, ainsi, être institutionnalisée, c'est avant tout parce qu'elle vise des criminels indéfendables – les délinquants sexuels, les pédophiles – à savoir des individus dont les actes sont consensuellement dénoncés voire suscitent un opprobre généralisé, et dont le sort punitif soit indiffère, soit est toujours considéré comme insuffisant. En clair et comme dans le cas des terroristes, rares sont les citoyennes et les citoyens qui vont s'émouvoir du sort de ces justiciables, quand ils ne demandent pas des châtiments plus sévères à l'encontre de ces derniers. « L'indéfendabilité » de ces hommes et plus rarement de ces femmes légitime ainsi que soit utilisé un dispositif refusé comme preuve au sein des tribunaux britanniques, peu importe qu'il puisse ensuite s'étendre à des personnes qui n'ont pas encore été condamnées ou à d'autres groupes de justiciables comme l'illustre la proposition de loi britannique de 2021.

Néanmoins, au-delà du caractère monstrueux du crime commis, deux caractéristiques supposées de leurs auteurs justifient à la fois qu'ils soient régulièrement soumis au détecteur de mensonge et que les tests soient obligatoires et réalisés sans consentement : ils sont particulièrement menteurs, inclinaison au mensonge soulignée dans de nombreux rapports de psychiatres et psychologues (ils mentiraient sur le nombre de leurs victimes, inventeraient des abus sexuels subis pendant l'enfance et nieraient des infractions commises lorsqu'ils étaient adolescents[65]), et ce sont des criminels perpétuels, dont le risque de récidive est très élevé. Comme l'écrit le sociologue Loïc Wacquant, les délinquants sexuels ne sont plus aujourd'hui considérés comme des « désaxés susceptibles d'une action thérapeutique mais comme des déviants incurables qui posent un danger criminel *ad aeternitum*, quels que soient leur statut judiciaire, leurs antécédents sociaux, leur trajectoire de réinsertion et leur comportement post-pénal[66] ». Le polygraphe ne vise ainsi pas à faire parler un suspect et à lui faire avouer ses crimes, mais à faire parler un criminel perpétuel pour éviter un futur crime. La vérité attendue de l'interrogatoire s'en trouve également modifiée : ce ne sont plus tant des actes liés au crime commis qui doivent être l'objet des révélations post-condamnation mais des pratiques (l'onanisme par exemple), des désirs, des pensées et des fantasmes déviants.

Cette utilisation du polygraphe comme révélateur des déviances sexuelles vient des États-Unis, pays qui le mobilise à cette fin dès les années 1960, et dans lequel aujourd'hui 80 % des programmes de traitement des délinquants sexuels adultes et 50 % de ceux destinés aux adolescents l'utilisent régulièrement et ce, dans 46 des 50 États[67]. L'usage

65 Jan Hindman, « Polygraph Testing Leads to Better Understanding Adult and Juvenile Sex Offenders », *Federal Probation Journal*, vol. 65, n° 3, 2001, p. 13.

66 Loïc Wacquant, « Moralisme et panoptique punitif. La chasse aux délinquants sexuels aux États-Unis », *Sociologie et société*, vol. 33, n° 1, 2001, p. 155.

67 Daniel T. Wilcox, Rosie Gray, art. cit.

des tests polygraphiques y est tel qu'un modèle et des recommandations aux examinatrices et examinateurs a été diffusé en 2018 par l'American Polygraph Association pour uniformiser les pratiques relatives au Post-Conviction Sex Offender Testing (PCSOT) – appellation anglo-saxonne des tests réalisés post-condamnation – donnant à voir le nombre et la nature des questions posées aux anciens condamnés, notamment celles relatives à la divulgation de « l'historique sexuel » et à la « surveillance des infractions »[68]. Les États-Unis ont par ailleurs la spécificité d'utiliser le polygraphe dans le cadre de procédures judiciaires pour retrouver des victimes d'abus et de violences sexuelles, les procureurs américains pouvant même offrir l'impunité pour des crimes avoués lors du test polygraphique ou, à l'inverse, prononcer de nouvelles inculpations sur la base de ces révélations.

Mais les États-Unis ont surtout une longue histoire de recherche et de visibilisation des déviances sexuelles via la détection du mensonge. « N'existe-t-il pas un test rapide, comme une radiographie, qui révèle ces choses? », demande la sénatrice américaine Margaret Chase Smith en 1950 dans le cadre d'une chasse aux sorcières qui vise les homosexuels[69]. Car en effet, ces « choses » que la politique aimerait voir dévoiler instantanément sont les orientations et les préférences sexuelles à des fins de purge des gays et

68 *Model Policy for Post-Conviction Sex Offender Testing*, mars 2018, site de l'association (polygraph.org).

69 Judith Adkins, « "These People are Frightened to Death": Congressional Investigations and The Lavender Scare », *Prologue Magazine*, vol. 48, n° 2, 2016.

des lesbiennes de l'appareil d'État, dans le contexte d'une criminalisation accrue de celles et ceux considérés comme des « pervers » et des « psychopathes sexuels ». Le polygraphe est alors surutilisé pendant cette « lavender scare » (peur violette ou peur lavande[70]) afin de traquer les homosexuel·les travaillant pour le gouvernement américain : toutes les personnes qui perdent leur habilitation la perdent à la suite « d'aveux d'activités homosexuelles » quand, en 1953, les interrogatoires avec détecteur de mensonge aboutissent à une démission forcée tous les trois jours[71]. Ainsi, les tests polygraphiques ont été utilisés pour se débarrasser d'individus déviants, et pour séparer non seulement les employé·es sûr·es et fiables des individus suspects, mais surtout pour tracer une ligne de démarcation entre sexualité normale/acceptable et sexualité dangereuse, déviante, condamnable et punissable. Et s'il faut se garder de raccourcis rapides, et ne pas faire découler mécaniquement le traitement contemporain de la délinquance sexuelle dans certains pays (États-Unis, Royaume-Uni, Pays-Bas) de pratiques répressives et homophobes du temps de la guerre froide, force est de constater que le polygraphe a bien été utilisé, dès cette période-là, comme un outil de traque des anormalités sexuelles par lequel les individus devaient avouer leurs désirs, leurs pratiques, si ce n'est leur perversion et leur monstruosité.

---

70 David K. Johnson, *The Lavender Scare: The Cold War Persecution of Gays and Lesbians in the Federal Government*, Chicago, University of Chicago Press, 2003.

71 Andrew S. Balmer, « The curious case of lie detector: How polygraph emerged and developed in relation to sexual deviance », *History of the Human Sciences*, vol. 26, n° 5, 2013, pp. 155-163.

La recherche d'un « aveu de la chair » est encore plus nette lorsque l'on regarde d'autres dispositifs de véridiction contemporains. Ainsi par exemple apprend-on dans un article du *Guardian* publié en 2017 qu'un établissement de santé mentale à sécurité maximale à Montréal diffuse des images numériques d'abus sexuels sur des enfants à des criminels ou des délinquants : ils sont environ 80 par an à être ainsi désignés par un juge pour être « testés ». Dans un pays qui mobilise également le polygraphe dans le cadre du suivi des personnes condamnées[72], le test est ici utilisé pour établir le « profil des préférences sexuelles » des justiciables, ce profil servant tout autant aux professionnels de santé qu'aux membres du tribunal pour évaluer le risque qu'ils représentent pour la société. Comme l'indique le directeur de ce programme et professeur de psychologie Patrice Renaud : « C'est un peu comme l'utilisation du polygraphe, mais avec d'autres techniques de mesure ». Dans ce laboratoire, les patients sont installés sur un tabouret à l'intérieur d'une chambre voûtée, des « dispositifs » reliés à leur pénis ; ils doivent porter des lunettes stéréoscopiques pour créer un effet tridimensionnel sur les murs, des lunettes équipées d'un « suivi technologique des yeux » pour ne pas que la personne subissant le test veuille détourner le regard, et ainsi, « tromper » les évaluateurs. Les personnes testées sont ainsi forcées de regarder les personnages synthétiques créés pour l'occasion, puisque les équipes de recherche modifient l'âge, la corpulence,

72 Ce sont environ 10 % des programmes de suivi qui le mobilisent (Don Grubin *et al.*, « Post-conviction polygraph testing of sex offenders », *International Review of Psychiatry*, vol. 31, n° 2, 2019, p. 1).

la taille des organes génitaux mais aussi la couleur des yeux, des cheveux ou de la peau des enfants en fonction des « fantasmes sexuels » attribués au patient. Le responsable du programme précise que les personnes « n'aiment pas passer par cette évaluation » et que les résultats peuvent être « choquants », notamment pour ceux « découvrant » qu'ils sont excités par des images de violences sexuelles contre des enfants. « Savoir qu'il est attiré par la violence peut être difficile à comprendre », précise Patrice Renaud à propos d'un sujet testé[73].

Les politiques de recherche de la « vérité sexuelle » peuvent ainsi aller plus loin que la simple détection de mensonges, tant par leur niveau de contrainte que de violences. Obligatoires là encore et s'apparentant à une forme de châtiment, de peine, ou de torture (l'excitation sexuelle contrainte et sous contrainte), les tests viennent ici révéler une vérité cachée, non seulement à l'interrogateur mais également à la personne interrogée. Le corps devient alors doublement traître, d'une part en incriminant cette dernière par le dévoilement de preuves de sa déviance à l'expert puis au juge, et d'autre part en lui révélant sa propre monstruosité. Déployés dans leur version radicale et sans consentement, les instruments de véridiction contemporains avant tout mobilisés pour faire « jaillir » la vérité sexuelle du corps ne visent ainsi pas à déterminer si leurs cibles mentent, et ainsi à déduire la vérité de la découverte du mensonge, mais à (faire) voir et découvrir une vérité ignorée du

73 Olivia Solon, « Polygraph for pedophiles: how virtual reality it used to assess sex offenders », *The Guardian*, 7 juin 2017.

sujet lui-même. Le corps devient réservoir de secrets honteux et punissables que le coupable, qui se mentait jusqu'alors à lui-même, ne peut plus qu'admettre. Ce n'est ainsi pas le mensonge qui est au cœur du processus de dévoilement de ces politiques médico-judiciaires mais l'automensonge et, plus précisément encore, l'automensonge criminalisable, celui qui peut avoir des effets punitifs et conduire, ou faire rester, en prison.

Technologisés ici dans leur version canadienne à l'aide d'humains digitaux, de l'immersion et de la réalité virtuelles par des chercheurs en cyberpsychologie travaillant depuis vingt ans sur les « préférences sexuelles » de « sujets agresseurs »[74], les tests dits « d'excitation sexuelle » sont néanmoins courants dans d'autres pays, et en particulier en Russie, dans laquelle le polygraphe est largement utilisé : près de 50 000 tests s'y déroulent chaque année, soit à des fins médicalo-punitives, soit à des fins économiques et commerciales (cf. infra). Développés dès les années 1930, largement mobilisés par le KGB avant de devenir une pratique policière courante, les tests polygraphiques se sont multipliés à la fin du XXe siècle, avec cette spécificité que leurs résultats y sont considérés comme preuve devant les tribunaux dès 2002, y compris par la Cour suprême de la Fédération de Russie[75]. Dès les années 1980, les

74 Patrice Renaud qui dirige ce programme est également codirecteur du laboratoire de cyberpsychologie de l'Université du Québec en Outaouais (UQO) dont les membres travaillent depuis 2003 sur ces sujets (voir la rubrique « Liste complète des projets terminés » sur le site du laboratoire).

75 Nous renvoyons aux travaux de Yuri Kholodny, et en particulier : « Interrogations using a polygraph in Russia : 15 years of legal application », *European Polygraph*, vol. 2, n° 2, 2006, pp. 73-82.

tests polygraphiques sont également mobilisés par les médecins pour « évaluer l'orientation sexuelle » de patients et de personnes condamnées, avant que certains d'entre eux ne mettent au point des techniques polygraphiques dites « innovantes » au début des années 2000. Ces dernières consistent à soumettre au sujet des photos ou des vidéos érotiques à la fois liées au crime commis, pour que cette dernière reconnaisse ses fantasmes passés, mais également indépendantes de l'infraction pour connaître « l'état actuel de son excitation[76] » (fantasmes de masturbation, utilisation d'internet etc.). Enfin, la Russie, comme les États-Unis et le Canada, se distingue par l'usage et la multiplication des recherches scientifiques sur la pléthysmographie pénienne, aussi dite phallométrie, et qui consiste à placer un capteur en forme de brassard autour du pénis.

Souvent appelée « test de mensonge pour pénis » et comparée à l'usage du polygraphe, la phallométrie a été développée et utilisée dans les années 1950 en République tchèque par le psychiatre Kurt Freund pour mesurer le désir masculin, révéler l'homosexualité masculine dans un contexte où celle-ci était un délit, mais aussi après-guerre pour repérer les « faux homosexuels », ceux qui se déclaraient homosexuels pour échapper au service militaire. Il s'agissait ainsi, par ces tests, de séparer les hétérosexuels des homosexuels, puis de distinguer, parmi ceux se déclarant comme tels, les « vrais » des « faux[77] ».

76 Don Grubin *et al.*, art. cité., p. 5.

77 Sur ce point voir Nathan Ha, « Detecting and Teaching Desire : Phallometry, Freund, and Behaviorist Sexology », *Scientific Masculinities*, vol. 20, n° 1, 2015, pp. 205-227.

Notons que dans la même période, au Canada, est inventée et utilisée par l'universitaire Franck Robert Wake la « machine à fruit » pour éliminer les homosexuels, les lesbiennes et les bisexuels de la fonction publique, de la gendarmerie royale et de l'armée, cette « machine » fonctionnant à partir de la mesure du diamètre des pupilles, de la transpiration et du pouls après visionnage d'images pornographiques[78]. On est ici au cœur de la recherche violente du « vrai sexe[79] » comme le dirait Foucault, ou plus exactement, de la « vraie sexualité », recherche qui vise tout autant à extorquer une vérité du corps qu'à livrer la vérité sur le sujet lui-même.

Aujourd'hui, la République tchèque utilise toujours la phallométrie dans le cas du traitement judiciaire de la criminalité sexuelle, mais aussi en droit civil, notamment en cas de divorce. Ce n'est sans doute pas un hasard si cette opération de tri et de vérification de la sexualité y a encore été utilisée dans les années 2010, cette fois-ci à l'encontre de demandeurs d'asile (une dizaine selon les chiffres officiels du pays). Les réfugiés risquant la peine de mort dans

78 Rapidement abandonnés contrairement aux tests polygraphiques qui ont poursuivi leur objectif d'élimination des déviants sexuels de l'appareil d'État, ces examens demandés par le gouvernement canadien s'inscrivaient dans le cadre de lois de criminalisation de l'homosexualité qui ont perduré jusqu'au début des années 1990. Ils étaient même partie intégrante d'une « purge » selon les termes même de Justin Trudeau qui s'en est publiquement excusé en 2017 après un recours collectif des « survivant·e·s », et qui a débloqué un fonds de 85 millions d'euros destiné aux centaines de victimes qui ont perdu leur emploi (et souvent ont été ruinés, ont perdu leur maison etc.). De nombreuses initiatives dites de « réconciliation » et de commémorations sont encore en cours au Canada (Dan Levin, « Canada Offers $85 Million to Victimes of Its Gay Purge, as Trudeau Apologizes », *New York Times,* 27 novembre 2017; Site de l'association Le Fonds Purge LGBT).

79 Michel Foucault, « Le vrai sexe », in *Dits et écrits 2 - 1976-1988,* Paris, Gallimard, 2001, p. 936.

leur pays d'origine devaient en effet, pour « certifier leur orientation sexuelle », subir un test phallométrique lors du visionnage d'images pornographiques hétérosexuelles. Réalisés par un sexologue, avec le « consentement » des migrants (bien sûr contraint par la peur du refus de la demande d'asile), ces « tests d'excitation sexuelle » ont fait scandale et suscité de multiples dénonciations : ils ont été condamnés par l'Agence des droits fondamentaux de l'Union européenne et déclarés illégaux par la Commission européenne au nom du non-respect de la vie privée, de l'atteinte à la dignité humaine et de leur caractère dégradant. Le Haut-Commissariat des Nations Unies pour les réfugiés a rappelé quant à lui que la pratique phallométrique est contraire au droit, incompatible avec les normes relatives aux droits humains et, s'appuyant sur un certain nombre de recherches, indiqué que le test phallométrique est « un examen intrusif, qui interfère avec la dignité, l'intégrité psychologique et physique de la personne et avec le cœur de son intimité, susceptible de susciter des sentiments de honte et de souffrance, de peur, d'anxiété et de détresse, malgré l'absence de douleur physique infligée ». Le HCR a prévenu en outre que son avis vaut également pour le photopléthysmographe vaginal, qui consiste à évaluer l'afflux sanguin dans le vagin pour mesurer l'excitation sexuelle, et qui pourrait peut-être un jour être utilisé pour vérifier l'homosexualité des migrantes lesbiennes fuyant les persécutions dans leur pays[80].

---

80 UNHCR, *UNHCR's Comments on the Practice of Phallometry in the Czech Republic to Determine the Credibility of Asylum Claims based on Persecution due to Sexual Orientation*, avril 2021.

Les tests phallométriques s'ancrent à la fois dans des politiques migratoires qui passent par l'expertise (tests osseux pour les mineurs, expertises psychologiques[81], prélèvements d'échantillon d'ADN) mais aussi dans le cadre de politiques publiques de vérité du sexe par lesquelles les migrants doivent attester de leurs liens (par exemple pour les couples binationaux) ou, dans le cas des gays, de leurs pratiques et orientations sexuelles[82]. Ici, il ne s'agit plus « d'avouer » une sexualité anormale, monstrueuse ou déviante, même s'il est évident que ces pratiques homophobes relèvent de formes interdépendantes de discriminations (sexuelles, de genre, de race, de nationalité), mais de « faire preuve » de son orientation sexuelle. Dans le cas de demandes d'asile en raison de celle-ci, on sait en effet que l'absence de détails sur le ressenti personnel, d'évocation « convenue » de souvenirs ou de récits « non empreints de vécu » aboutit au rejet de la demande[83]. Ces tests fonctionnent alors à la manière du polygraphe avec lesquels ils peuvent être couplés : dans les deux cas, ce sont les réactions du corps qui sont mesurées et analysées pour obtenir une vérité. Or, si le polygraphe vise à déterminer le niveau de stress et à obtenir l'aveu pour le transformer en preuve, la phallométrie fait de la (non) réaction d'une partie du corps une preuve en soi, soit du mensonge et de la culpabilité, soit de la véracité du discours la

81 Utilisées en Hongrie mais interdites par la Cour de justice de la République en 2018.

82 Éric Fassin, Manuela Salcedo, « Devenir homosexuel ? Politiques migratoires et vérité de l'identité sexuelle », *Genre, sexualité et société*, n° 21, printemps 2019.

83 CERSA, *La preuve dans les demandes d'asile en raison de l'orientation sexuelle. Rapport de recherche*, avril 2020, p. 2.

personne interrogée. Aussi, le champ de l'aveu est beaucoup plus restreint : il ne s'agit plus de « dire vrai » à propos de comportements, de pratiques, ou même de désirs et de pensées. Le corps des migrants doit dire et prouver ce qu'ils sont, et plus exactement, révéler qui ils sont. C'est d'ailleurs le propre des politiques de vérité que d'exiger de l'autre non pas tant une reconnaissance des faits qu'une verbalisation de sa « vraie » nature et un dévoilement de ce qu'elle/il est[84].

En ce sens, ces tests s'inscrivent plus généralement dans le cadre de politiques de recherche de la « vérité identitaire » des personnes suspectées de mentir, à l'instar des « tests de féminité » pratiqués dans le sport dès les années 1960. Ces derniers se traduisaient en effet par un contrôle gynécologique du sexe apparent puis par le « test de chromatine sexuelle », à savoir par la recherche génétique de chromosome (présence d'un deuxième chromosome Y, présence d'un chromosome X), et visaient à lever des soupçons en cas de femmes jugées trop masculines ou d'hommes concourant chez les femmes. Il s'agissait donc de vérifier que les athlètes étaient bien des « vrais hommes » ou des « vraies femmes ». Si ces tests ont disparu dans les années 2000, la détection d'un mensonge sur le genre existe toujours et passe par la mesure de la testostérone. Le cas de la championne sud-africaine hyperandrogène Caster Semenya, qui est contrainte de passer des tests hormonaux et biologiques depuis 2009, est le plus

84 Michel Foucault, « Du gouvernement des vivants », in *Dits et écrits 2, op. cit.*, p. 944.

connu, mais nombre sont les athlètes qui aujourd'hui encore doivent se soumettre à des tests de féminité mesurant leur taux de testostérone et subir des régulations hormonales, les personnes transgenres en particulier[85].

L'utilisation de dispositifs de véridiction dans le cadre de politiques punitives discriminatoires, qu'elles visent des criminels traités différemment en fonction de leur monstruosité, de leur dangerosité et de leur incurabilité supposées, ou de citoyen·nes particulièrement discriminé·es ou minorisé·es, incarne la violence des politiques de vérité. Qu'il s'agisse du recours contraint au polygraphe, à la phallométrie ou à tout autre test visant à « extorquer la vérité du sexe[86] », ces dernières remplissent via le dévoilement des mensonges à propos du sexe ou de la sexualité des fonctions punitives majeures, autres que celles, classiques, relatives à la production judiciaire d'aveux : renvoyer en prison, licencier/faire démissionner, refouler, exclure, stigmatiser, empêcher. Plus généralement, et tout en continuant à reposer sur les catégories d'innocence et de culpabilité, la spécificité de ces politiques est d'opérer une partition entre les « vrais » et les « faux », les « bons » et les « mauvais », les conformes et les autres : les monstres, les déviants, les anormaux. Surtout, ces politiques visibilisent une forme de véridiction dans laquelle le récit seul et les mots même ne font pas foi : non seulement le « dire vrai » et l'auto-identification ne

85 Voir les travaux d'Anaïs Bohuon et en particulier : *Les tests de féminité dans les compétitions sportives : une histoire classée X ?* Paris, Éditions IXe, 2012.

86 Michel Foucault, « L'Occident et la vérité du sexe », in *Dits et écrits 2, op. cit.*, p. 103.

suffisent pas, mais les discours sur soi sont souvent perçus comme potentiellement mensongers. On peut même dire que ces dispositifs violents visent précisément certaines personnes parce que considérées comme particulièrement menteuses (les délinquants sexuels, les migrants) ou dont on suppose qu'elles ont quelque chose à cacher au regard de leur non-conformité à certaines normes, de genre notamment. Ces tests n'ont ainsi pas tant pour objectif de révéler une vérité cachée à l'autre ou à soi-même qu'à délaisser et dévaloriser la parole avouante pour obtenir des preuves qui viennent du corps.

3
Entrer dans la tête des justiciables ou les faire taire ?

En 2008, dans la ville de Pune en Inde, l'étudiante de 24 ans Aditi Sharma, soupçonnée d'avoir empoisonné son ex-fiancée à l'arsenic, est condamnée à perpétuité sur la base d'une seule preuve : un test d'observation de son activité cérébrale via une électroencéphalogie. Cette nouvelle génération de détecteurs de mensonge fonctionne sur l'analyse de l'activité du cerveau durant un interrogatoire et plus précisément encore sur la recherche de souvenirs associés au crime (scène de crime, arme utilisée, interactions avec la victime, comportement violent etc.). Dans le cas d'Aditi Sharma, les experts ont affirmé qu'elle avait une « connaissance expérimentale[87] » (de l'ordre de l'expérience et non juste de l'idée) de l'acte d'empoisonner. Il s'agit là d'une rupture majeure dans l'histoire de la traque du mensonge puisqu'il ne s'agit plus de repérer et de mesurer des réactions physiologiques liées au stress de l'interrogatoire (pression sanguine, rythme cardiaque, profondeur de la respiration etc.), mais de rechercher des traces d'actes passés via la découverte de « signaux de réminiscence » dans le cerveau.

Concrètement l'accusée, pensant pouvoir prouver son innocence, a accepté de passer un test commençant avec un encéphalogramme (trente-deux électrodes ont été placées sur sa tête), qui mesurait son activité cérébrale en réponse aux déclarations suivantes, enregistrées sur bande magnétique, concernant sa relation avec son fiancé : « j'ai eu une

87 Dominique J. Church, « Neuroscience in the Courtroom: An International Concern », *William & Mary Law Review*, vol. 53, n° 5, 2012, p. 1826.

liaison avec Udit », « j'ai acheté de l'arsenic dans un magasin », « j'ai appelé Udit », « je lui ai donné les bonbons mélangés à l'arsenic », « les bonbons ont tué Udit ». Des déclarations neutres – « Le ciel est bleu » – ont aussi été lues à haute voix par les enquêteurs pour aider le logiciel de traitement des images cérébrales à distinguer les souvenirs de la cognition normale. D'après ce test, le cerveau d'Aditi Sharma s'est éclairé de différentes couleurs pendant la lecture des différentes phases du crime, ce qui prouverait sa culpabilité. En clair, comme l'a indiqué lors du procès l'enquêteur d'État en charge de l'affaire, les endroits de son cerveau où les souvenirs sont censés être stockés ont « bourdonné » lorsque le crime a été raconté. Le juge rendant son avis sur cette affaire a rédigé neuf pages de défense de ce détecteur de mensonge, une première mondiale qui a provoqué, selon les termes du juriste Dominique J. Church, « une onde de choc dans les communautés scientifique et juridique[88] ». La libération d'Aditi Sharma quelques mois plus tard par la Haute Cour de Bombay pour vice de procédure[89] n'a d'ailleurs pas fait cesser les débats sur l'imagerie cérébrale et ses usages judiciaires, son affaire étant devenue le symbole des possibilités ou des dérives de la neurodétection du mensonge et de la tromperie.

Le test à l'origine de sa condamnation, dit « BEOS » *(Brain Electrical Oscillations Signature)*,

88 *Id.*, p. 1827.

89 Yann Verdo, « Quand la justice utilise l'IRM pour lire dans le cerveau des accusés », *Les Échos*, 27 octobre 2012.

a été mis au point par Champadi Raman Mukundan, un neuroscientifique qui dirigeait auparavant le département de psychologie clinique du National Institute of Mental Health and Neuro Sciences à Bangalore. Son système, sur lequel il n'a jamais publié auparavant pour en garder l'exclusivité et le faire échapper au jugement des pairs[90], s'appuie sur deux méthodes dites de « détection du mensonge » développées par d'autres scientifiques aux États-Unis, pays dans lequel les agences de sécurité ont consacré d'importants fonds au développement de ces neurotechnologies pour les utiliser dans les affaires criminelles, et terroristes en particulier[91]. La première est la technique d'utilisation de l'imagerie par résonnance magnétique du psychiatre Daniel D. Langleben, pour lequel des zones du cerveau « s'illuminent » lorsque les gens mentent. Utilisant l'imagerie fonctionnelle (non pas un instantané du cerveau mais l'enregistrement de l'activité cérébrale), Langleben s'est attaché en s'appuyant sur la « méthode de la carte » à « localiser » le mensonge dans certaines aires du cerveau, le cortex en particulier[92]. La seconde technique, dite de « l'empreinte cérébrale » par son concepteur Laurence Farwell, vise à mesurer les changements de fréquence des ondes cérébrales lorsqu'une personne reconnait

90 Sur sa trajectoire professionnelle, voir l'article de la journaliste britannique Angela Saini : « The brain police : judging murder with an MRI », *Wire*, 27 mai 2009.

91 Paul Root Wolpe, Kenneth Foster, Daniel D. Langleben, « Emerging neurotechnologies for lie-detection: promises and perils », *American Journal of Bioethics*, vol. 5, n° 2, 2005, p. 39.

92 Voir notamment Daniel D. Langleben et al, « Telling Truth lie in individual subjects with fast event-related fMRI », *Hum Brain Map*, vol. 26, n° 4, 2005, pp. 262-272.

des images, des photos ou des odeurs, et ainsi à déceler des souvenirs par le repérage d'un pic d'activité cérébrale dénommé P300[93]. Contrairement aux modalités d'interrogatoire traditionnelles qui alternent questions de contrôle, pertinentes et classiques, Farwell s'appuie sur le « test de connaissance de la culpabilité » (The Guilty Knowledge Test, dit GKT) inventé à la fin des années 1990 par le psychologue Lykken, le spécialiste des jumeaux évoqué plus haut. Cet examen, à l'origine polygraphique, a la spécificité de mesurer les réactions physiologiques du suspect en lui présentant des éléments de l'enquête que seuls l'auteur du crime et la police peuvent connaître (photos de l'arme ou de la victime par exemple). Très rare aujourd'hui dans ses usages policiers – seul le Japon l'utilise de manière systématique depuis plus de soixante ans[94] – la version neuroscientifique de ce dispositif de véridiction a été particulièrement médiatisée outre-Atlantique, notamment après les attentats du 11 septembre, tout comme Laurence Farwell lui-même : en novembre de cette année-là, le magazine *Time* le classe parmi les cent personnes les plus influentes du monde[95]. Quant à sa technologie de détection du mensonge via l'électroencéphalographie, qu'il décrit comme « créatrice de miracles[96] »,

93 Lawrence A. Farwell, Emmanuel Donchin, « The Truth Will Out: Interrogative Polygraphy ("Lie Detection") With Event-Related Brain Potentials », *Psychophysiology*, vol. 28, n° 5, 1991, pp. 531-547.

94 Shinji Hira, Isato Furumitsu, « Polygraphic Examination in Japan: Application of the Guilty Knowledge Test In Forensic Investigations », *International Journal of Police Science and Management*, vol. 4, n° 1, 2002, pp. 16-27.

95 Sarah Sturman Dale, « The Brain Scientist. Climbing Inside The Criminal Mind », *Time*, 26 novembre 2001.

96 Voir ses multiples sites internet d'autopromotion.

elle a suscité l'intérêt de la CIA, de l'US Navy et du FBI tandis que de nombreux pays ont souscrit aux offres de sa société ou acheté des dispositifs proches, et en particulier l'Inde qui a commencé dès le début des années 2000 à l'utiliser dans le cadre d'enquêtes médico-légales.

À ce titre, si l'exceptionnalité du verdict de Pune et de ceux qui ont suivi[97] peut se lire à l'aune de l'investissement neuroscientifique dans la détection du mensonge et des potentialités sécuritaires et répressives de l'imagerie cérébrale, elle doit aussi être rapportée aux pratiques policières indiennes pour obtenir des aveux. Avec ses centaines de milliers de prisonniers supplémentaires par an et ses 30 millions d'affaires en attente de jugement (chiffre de 2015), l'Inde est en effet l'un des pays du monde dans lequel la police mobilise le plus les détecteurs de mensonge, et de toutes sortes. Le polygraphe bien sûr, dont l'usage tend à se banaliser dans la société indienne sous l'effet de la multiplication des entreprises privées proposant ce type de services aux entreprises et aux particuliers, mais aussi les « sérums de vérité », à savoir des injonctions intraveineuses de thiopental sodique qui agissent sur le système nerveux et provoquent somnolence et désorientation. Dans un état proche de l'hypnose et du sommeil, la personne semi-consciente ne peut alors que balbutier et répondre par de simples mots lors de son interrogatoire[98]. La narco-analyse, inventée au

97 Deux autres justiciables ont été condamnés à mort en Inde sur la base du BEOS avant d'être, comme Sharma, libérés sous caution.

98 « Ça va piquer un peu. L'Inde et les interrogatoires au sérum de vérité », *Le Monde*, 6 juillet 2012.

début du XXe siècle par l'obstétricien Robert Ernest House qui avait remarqué que ses patientes parlaient « plus facilement » après leur avoir administré de la scopolamine, n'a été utilisée qu'une fois en Inde dans les années 1930, avant d'être plus couramment utilisée dès le début des années 2000, notamment après l'affaire Godhra, à savoir l'incendie d'un train qui a causé la mort de 58 personnes[99]. Depuis, et en dépit des restrictions ou interdictions qui ont été émises par la Cour suprême indienne sur l'ensemble des modalités de détection du mensonge[100], elle est toujours mobilisée par la police de certaines régions indiennes, et des accusés eux-mêmes se portent volontaires pour se soumettre à une narco-analyse afin de prouver leur innocence[101]. Enfin, l'Inde est l'un des pays dans lequel les neurosciences, et en particulier le neurodroit se développe depuis de nombreuses années dans certains États : dans le Gujarat, la police utilise l'imagerie cérébrale depuis 2003 et a testé plus d'une centaine de justiciables, mais des laboratoires spécialisés dans les neurosciences existent dans de nombreuses villes comme Bombay, Hyderabad, Bangalore, et Gandhinagar[102]. Toutes les grandes affaires criminelles donnent ainsi à voir l'utilisation « d'instruments de vérité » quand le test BEOS a été utilisé sur plus de mille cas médico-légaux et

99 Snehal S. Shinde, « Narco-analysis. A tool of investigation », *International Journal of Multidisciplinary Research and Development*, vol. 3, n° 8, 2016.

100 Désormais, les tests polygraphiques sont considérés comme des « preuves à l'appui » – ils ne peuvent à eux seuls entraîner une condamnation – et ils ne peuvent être imposés (Rajini Vaidyanathan, « Lie-detector tests take off in India », *BBC News*, 13 septembre 2012).

101 Helen Pidd, « Indian police still using thruth serum », *The Guardian*, 5 juillet 2012.

102 Vanessa Dougnac, « Les neurosciences aux portes des tribunaux. En Inde, un usage banalisé », *La Croix*, 11 septembre 2012.

mobilisé dans des dizaines de procédures judiciaires dont celle d'Aditi Sharma.

La condamnation de celle-ci doit ainsi être rapportée aux pratiques policières indiennes pour « faire parler », et à l'usage massif de divers dispositifs de détection du mensonge, en partie induit par l'engorgement des tribunaux et l'insuffisance des moyens des institutions policières et judiciaires[103]. Néanmoins, il ne faudrait pas faire de la mobilisation policiaro-judiciaire de techniques radicales d'obtention de l'aveu une spécificité indienne. Outre qu'une soixantaine de pays dans le monde mobilisent le polygraphe aujourd'hui[104], rappelons par exemple que jusque dans les années 1980 et 1990 l'utilisation du penthotal et surtout de l'hypnose était courante aux États-Unis mais aussi au Canada, ce qui a contraint les différents ordres de juridiction canadiens à déclarer irrecevables une pléthore d'aveux obtenus par des policiers et hypno-enquêteurs, pour la plupart formés au Texas ou en Californie[105]. Sur l'hypnose toujours et en France, la cour de Cassation s'est prononcée par deux fois en 2000 et 2001 pour déclarer irrecevable le recours à l'hypnose, un expert hypnologue ayant été désigné par un juge d'instruction dans le cadre d'une affaire criminelle[106]. Quant à l'usage de « sérums

103 Julien Bouissou, « L'Inde utilise le détecteur de mensonge à toutes les sauces », *Le Monde,* 7 mai 2015.

104 Don Grubin *et al.,* art. cit., p. 2.

105 Pierre Patenaude, « L'inviolabilité de la pensée : de l'utilisation de l'hypnose et du polygraphe à des fins d'enquête ou de surveillance », *La Revue juridique Thémis*, 1994, vol. 28, n^{os}2-3, pp. 965-975.

106 Voir Cour de cassation, chambre criminelle, 28 novembre 2001.

de vérité » pour faire parler les terroristes, dans le contexte d'une légitimation croissante de la torture post-11 septembre, il a suscité un large débat aux États-Unis et a été officiellement envisagé par la CIA, cette dernière l'expérimentant depuis au moins les années 1950[107]. Au regard des tortures infligées dans les centres de détention américains, d'aucuns se sont d'ailleurs interrogés sur son usage possible, et caché, par les personnes en charge des interrogatoires des personnes suspectées d'activités terroristes. Dans une moindre mesure, et dans un contexte où les agents du FBI et de la CIA ont exprimé leur « frustration » face au silence des suspects, les mêmes allégations[108] et débats ont pu porter sur l'imagerie et les scanners cérébraux[109].

Là encore, les États-Unis se distinguent par un intérêt[110] et usage judiciaire précoce de ces derniers, toujours utilisés « en défense » par des avocats voulant plaider la déficience mentale de l'accusé ou démontrer que son cerveau présente des lésions expliquant le crime et le passage à l'acte violent. Le cas le plus ancien, et sans doute le plus célèbre, est celui de John Hinckley, jugé en 1982 pour avoir

107 Sur ce débat, voir Jason R. Odeshoo, « Truth or Dare? Terrorism and Truth Serum in the Post 9/11 World », *Standford Law Review*, vol. 57, n° 1, 2004, pp. 209-255; Linda M. Keller, « Is the Truth Serum Torture? », *American University International Law Review*, vol. 20, n° 3, 2005, pp. 522-612.

108 L'association de défense des libertés ACLU s'est mobilisée sur cette question (« ACLU seeks information about government use brain scanners in interrogations », site de l'association, 28 juin 2006).

109 Sean Kevin Thompson, « The Legacy of the Use of Psychiatric Neuroimaging in Intelligence Interrogation », *Cornell Law Review*, vol. 90, n° 6, 2005, pp. 1602-1636.

110 Sur le neurodroit relatif à la détection du mensonge aux États-Unis, voir le travail de Laurent Dartigues: « Une irrésistible ascension? Le neurodroit face à ses critiques », *Zilsel*, n° 3, 2018, pp. 63-103.

tenté d'assassiner le président américain Ronald Reagan, et dont l'un des axes de défense fut de plaider l'irresponsabilité pénale et de démontrer sa schizophrénie en présentant un scanner montrant une atrophie du cerveau[111]. Le jury déclara l'accusé non coupable, le considérant comme « sujet à une forme de démence », sans que l'on sache l'effet réel de l'imagerie cérébrale sur le verdict. Un autre procès, peu médiatisé à l'époque des faits mais beaucoup cité depuis la condamnation indienne est celui d'Herbert Weinstein, un cadre américain de 65 ans accusé d'avoir étranglé sa femme puis, pour maquiller le meurtre en suicide, de l'avoir jeté du 12e étage de leur appartement à Manhattan[112]. Lors de son procès en 1992, son avocat plaida la déficience neurologique, expliquant au jury qu'un scanner cérébral avait identifié un kyste anormal dans la membrane arachnoïde, celle qui entoure le cerveau. Ce scanner ne fut pas montré au jury, Weinstein plaida coupable d'homicide involontaire, mais le psychologue judiciaire Dan Martell qui avait témoigné sur la technique dite du « balayage du cerveau » fut tellement sollicité par la suite qu'il créa sa propre société – la Forensic Neuroscience – intervenant depuis lors dans des centaines de procès, surtout dans les où l'accusé risque la peine de mort. Dans ces affaires, pour lesquelles les normes applicables à l'admissibilité des preuves sont plus souples[113], les avocats demandent

111 Dominique J. Church, art. cit.

112 Jeffrey Rosen, « The Brain on the Stand », *The New York Times Magazine*, 11 mars 2007.

113 En Floride, un tribunal a même statué sur le fait que la non-admission d'une preuve neuroscientifique lors d'une condamnation à mort constituait un motif d'annulation *(Ibid.)*.

régulièrement des scanners cérébraux pour montrer que leur client n'avait pas pu « se contrôler ». On estime ainsi qu'entre le milieu des années 2000 et 2018 ce sont plus de 600 affaires dans lesquelles des scanners cérébraux ont été retenus comme « preuves » par les tribunaux américains[114]. À tout le moins la problématique des lésions cérébrales et des « schémas inhabituels d'activité cérébrale » dans le cas de crimes de sang, de violences juvéniles ou de criminalité sexuelle sont au cœur des débats neuroscientifiques aux États-Unis.

Dans les autres pays du monde, et en particulier sur le continent européen, l'utilisation judiciaire de l'imagerie cérébrale reste plus rare, même si deux procès récents, l'un en France[115], l'autre en Italie[116], éclairent la progressive importation et diffusion de l'expertise neuroscientifique en matière pénale, et témoignent plus généralement de procédés multiples de biologisation du crime, censé avant tout

114 Catherine Vidal, « Vers une neuro-société. Tout peut-il s'expliquer par l'imagerie cérébrale? », *The Conversation*, 18 avril 2018.

115 Au cours d'une bagarre dans un foyer en 2007, un jeune en frappe violemment un autre qui se défenestre du deuxième étage pour lui échapper. Lors de son procès de 2014 devant la Cour d'assises du Rhône, deux neuropsychiatres affirment que l'accusé souffre d'un « syndrome frontal » résultant de l'ablation d'une tumeur au cerveau lorsqu'il avait 12 ans et qui l'aurait laissé épileptique. Au terme d'un procès lors duquel s'est engagé un débat inédit entre psychiatres et neuropsychiatres, il est condamné à 1 500 euros d'amende pour « violences volontaires ayant entrainé une ITT inférieure à 8 jours » (« Monsieur le juge, ce n'est pas lui, c'est son cerveau! », *Le Progrès*, 8 juin 2014; « Jugé aux assises pour un coup mortel, il ressort avec une amende », *L'Express*, 14 juin 2014).

116 Lors du procès en appel d'Abdelmalek Bayout, qui avait poignardé l'un des membres d'un groupe de Sud-Américains qui l'avait pris à partie, deux experts désignés par le juge ayant mobilisé un scanner cérébral et l'analyse de certains gènes prédisposant à la violence, font réduire sa peine d'un an (Julien Larregue, *Héréditaire. L'éternel retour des théories biologiques du crime*, Paris, Seuil, 2020, p. 9-10).

s'expliquer par des phénomènes biologiques et médicaux[117]. Inédite dans le monde à cette date, la loi bioéthique française de 2011 doit ici être citée, puisqu'elle autorise les magistrats à recourir à une expertise neuroscientifique pour évaluer les risques de récidive, le degré de responsabilité ou la véracité d'un témoignage, notamment lors d'un interrogatoire policier[118]. Le « consentement exprès » de la personne interrogée conditionne le recours à cette expertise. Dans le contexte d'une utilisation continue des scanners et IRM anatomiques par la justice, civile surtout, la loi bioéthique de 2021 reconduit ces dispositions relatives à l'imagerie cérébrale, à ceci près qu'elle interdit l'usage de l'imagerie fonctionnelle, de nombreuses craintes s'étant exprimées quant à son possible usage pour détecter le mensonge et établir la culpabilité de suspects[119].

Rapportée à la détection des déviances et utilisée à cette fin, la neurodétection du mensonge présente en effet à bien des égards une rupture dans les politiques de vérité policiaro-judiciaires contemporaines. Déjà, et contrairement aux scanners cérébraux, le dispositif ne vient plus en aide aux justiciables mais est mobilisé pour prouver la culpabilité : il a donc une visée punitive classique, celle de faire condamner un individu en prouvant sa culpabilité via la découverte de son ou de

117 *Id,* p. 17.

118 Julien Larregue, Wiliam Wannyn, « Le neurodroit, l'oublié du débat sur la bioéthique », *Le Monde,* 10 février 2018.

119 Par exemple, comme en 2011, le Comité consultatif national d'éthique se déclare en 2019 très défavorable aux usages judiciaires de l'IRMF (Étude d'impact. Projet de loi relatif à la bioéthique, 24 juillet 2019, p. 289).

ses mensonges. Les images et scanners cérébraux peuvent d'ailleurs être considérés comme l'aboutissement d'un long processus de technologisation de la détection du mensonge via la recherche de preuves par le corps ou dans le corps, ici le cerveau, technologisation induite tant par le marché représenté par de tels dispositifs, que par l'investissement dont il fait l'objet par les neuroscientifiques. À ce titre, l'imagerie fonctionnelle (cerveau en mouvement) répond à deux fantasmes punitifs anciens : trouver le détecteur de mensonge infaillible et, de manière tout à fait liée, entrer dans « l'esprit » des personnes soupçonnées d'avoir commis un crime. Tout au moins est-ce ainsi qu'elle est présentée par ses promoteurs et médiatisée, et sur ce dernier point que se sont opposés pléthore de chercheuses et de chercheurs par articles et médias interposés. En effet, dès l'annonce de la condamnation d'Aditi Sharma, et plus précisément dès la parution d'un article du *New York Times* le 14 septembre 2008, ce sont des centaines d'articles qui sont publiés dans la presse sur ce nouveau détecteur de mensonge, avec une question récurrente : peut-on lire dans le cerveau des accusés[120] ? Le débat oppose alors les sceptiques, pour qui l'imagerie fonctionnelle et le neurodroit ne révolutionnent en rien ni l'explication des comportements humains ni la traque du mensonge – « nous avons de plus belles images et cela semble plus scientifique » déclare par exemple le professeur de droit en psychiatrie de l'Université de Pennsylvanie Stephen Morse – et celles et ceux qui

120 Yann Verdo, « Peut-on lire dans le cerveau des accusés? », *Les Échos*, 29 octobre 2012.

y voient, soit pour la dénoncer soit pour l'encourager, le développement d'une technologie capable de lire dans les pensées, d'intercepter des souvenirs et même, à terme, de télécharger la mémoire pour la retranscrire ensuite en texte ou en voix[121].

Il y aurait beaucoup à dire sur l'utilisation des neurosciences à des fins policiaro-judiciaires, notamment dans les prétoires, et sur ces scénarios catastrophes qui, une fois encore, affaiblissent les débats sur la fiabilité des appareils et augmentent la désirabilité et la rentabilité des nouvelles applications technologiques y affairant. En termes punitifs ou répressifs, les spécialistes du neurodroit alertent depuis plusieurs années sur le caractère de plus en plus intrusif de l'imagerie cérébrale et sur les atteintes que cette dernière pourrait faire peser, notamment en matière de liberté de pensée ou, plus exactement de liberté cognitive. Mais pour l'heure et rapporté à la détection du mensonge, le cas indien invite à analyser les modifications qu'apporte l'imagerie fonctionnelle au travail de recueil de la preuve et de recherche de la vérité à des fins de condamnations. En l'occurrence, si cette dernière ne permet pas de lire dans les pensées, la recherche de souvenirs ou de signaux de réminiscence d'un passage à l'acte criminel modifie radicalement les modalités de passation des tests tout comme elle transforme la capacité d'agir de la personne interrogée. D'une part en effet, l'examen ne se déroule plus sous la forme d'un interrogatoire, qui

121 Jeffrey Rosen, art. cit.

suppose une interaction verbale entre acteurs et une alternance entre questions et réponses, mais se veut une déclaration de culpabilité rédigée à la première personne et lue à l'oral par l'expert, ou par l'exposition d'objets, dans l'optique de faire réagir le cerveau de la personne interrogée. En clair, l'interrogatoire est remplacé par un monologue policier ou un exposé avec support visuel. D'autre part, la détection du mensonge via la recherche de preuves neuroscientifiques a pour objectif d'obtenir une information que cette dernière ne peut ou ne veut donner. Elle diffère en cela du polygraphe, qui tend vers l'obtention de l'aveu oral, pour se rapprocher de techniques d'interrogatoire comme l'hypnose ou l'utilisation de sérum de vérité à la faveur desquelles le sujet drogué ou semi-conscient livre involontairement des éléments considérés comme incriminants et prouvant sa culpabilité.

Invisibles, sans matérialité propre comme peut l'être l'aveu, ces éléments de preuve sont en effet extraits d'une partie du corps (le cerveau) et analysés, à la manière d'une opération chirurgicale ou d'une autopsie, c'est-à-dire d'un examen médical réalisé sur un corps inerte ou sur un cadavre. L'image est ici volontairement forte, pour insister sur la caractéristique essentielle de ces détecteurs de mensonge neuroscientifiques qui est de modifier radicalement non seulement les modalités d'obtention des preuves mais la nature même de la preuve recherchée, qui n'est plus une reconnaissance orale, même contrainte, de culpabilité (polygraphe) ni même une manifestation physique de stress ou d'excitation mettant en doute les déclarations d'innocence ou les récits sur soi (phallométrie) et que l'interrogé·e peut ressentir, mais l'image du fonctionnement et de l'activité d'un organe interne, le cerveau. Incidemment, dans cette configuration médicalo-punitive, la parole de la personne accusée n'est pas uniquement mise en cause ou réduite à de simples réponses par l'affirmative ou la négative – le « oui »/« non » attendu des tests polygraphiques – elle n'existe plus. Allongé sur une table de scanner ou assis sur une chaise avec des électrodes sur la tête, le sujet interrogé est littéralement « sans voix »: il doit juste écouter.

Dès lors, la véritable révolution sécuritaire et répressive de ce type de détecteur de mensonge est à la fois d'immobiliser et de « faire taire » la personne suspectée d'avoir commis un crime (et non plus de la « faire parler ») et, plus généralement, de créer une configuration médicalo-répressive plus contraignante que l'interrogatoire policier dans laquelle l'aveu discursif ne compte plus. Il faut encore relire Michel Foucault pour saisir les implications de cet usage détourné des dispositifs de véridiction traditionnels. Ce dernier montrait en effet la centralité du « dire » dans les procédures d'obtention de l'aveu et dans les face-à-face entre celui qui attend la confession et le sujet potentiellement avouant. Et il allait plus loin en indiquant que ce n'était pas tant les informations délivrées qui étaient importantes, mais le fait même d'accepter de parler, de dire « quelque chose », parce que l'acte de « dire » créait une relation de pouvoir au détriment de la personne interrogée[122]. Néanmoins, dans le triple contexte de la technologisation de la détection du mensonge, de l'émergence du neurodroit mais aussi du développement du « droit au silence » des justiciables, la confession orale des crimes n'est plus considérée comme la preuve suprême et ultime, et c'est bien le silence qui est attendu des justiciables. Aussi pour l'heure, ce n'est pas tant le libre-arbitre, la liberté de pensée ou les libertés cognitives des justiciables qui sont amoindries et attaquées par ce type de dispositifs de véridiction, mais leur capacité à se défendre et à parler.

L'inventeur du *Brain Electrical Oscillations Signature*, l'Indien Mukundan, peut ainsi écrire dans l'un de ses rares articles scientifiques: « Contrairement au test P300 ou au test de détection du mensonge, le sujet n'est pas censé faire une réponse comportementale ou orale pour nier ou accepter ce qui est mentionné par chaque sonde. Il doit seulement s'asseoir en silence, les yeux fermés, et écouter les sondes ». Et il rajoute plus loin: « Les contre-mesures connues dans les tests de détection de mensonges ou les tests d'empreintes cérébrales ne sont pas présentes dans le profilage BEOS car le sujet ne doit pas répondre aux questions ou aux tests cognitifs présentés. Cependant, on constate que le sujet peut essayer d'ignorer volontairement d'écouter ou de traiter sémantiquement les sondes. On observe que les sujets peuvent entrer dans un état d'esprit méditatif ou prier mentalement, chanter ou compter, etc.

122 Michel Foucault, *Mal faire, dire vrai…*, *op. cit.*, p. 5.

pendant la présentation des sondes, ce qui détourne l'attention de l'écoute des sondes[123] ».

Si ce passage est particulièrement intéressant, c'est qu'il illustre la recherche neuroscientifique du détecteur de preuves parfait, à savoir celui qui annihile toute forme de contournement des dispositifs de véridictions à des fins d'évitement de la répression. En effet, l'histoire de la détection du mensonge et du polygraphe en particulier se confond avec celle des techniques qui lui ont été opposées, et que Mukundan appelle « contre-mesures ». Ces dernières, qui fascinent tout autant que les instruments eux-mêmes et qui en renforcent paradoxalement la légitimité en diffusant la croyance en leur efficacité, se sont historiquement incarnées dans une série de « trucs » et « d'astuces » appris dans les écoles des renseignements et aujourd'hui disponibles sur internet[124]. Parmi ces savoir-faire pour déjouer les appareils de mesure des réactions physiologiques liées au stress citons : penser à autre chose, se pincer ou s'infliger une douleur (avec une punaise dans une chaussure par exemple), maîtriser sa respiration, rester le plus calme possible etc. Certains espions se sont d'ailleurs rendus célèbres pour avoir « réussi » le test polygraphique, comme Aldrich Ames, agent de la CIA qui travaillait pour l'URSS et qui avait été soumis deux fois sans succès au polygraphe, mais nous pourrions également citer le cas de l'ex-policier

123 Champadi Raman Mukundan et al., « Brain Electrical Oscillations Signature Profiling (BEOS) for Measuring the Process of Remembrance », *EC Neurology*, vol. 6, n° 8, 2017, pp. 217-230.

124 C'est par exemple le cas d'un site dédié à la dénonciation du polygraphe : antipolygraph.org.

américain William Douglas qui a enseigné pendant 30 ans, contre rémunération, comment contourner ce type d'interrogatoire[125]. Il a été condamné en 2015 à deux ans de prison.

Les neurosciences appliquées à la détection du mensonge proposent ainsi un détecteur de preuves aphonisant, qui permet de contourner l'ensemble des résistances à l'interrogatoire policier, qu'il s'agisse de droits (le droit au silence, celui de ne pas s'auto-incriminer) ou de tactiques et savoir-faire pour déjouer les techniques classiques de véridiction. Il est en effet plus facile de gérer son stress que de maîtriser son activité cérébrale… Mais les tenants de l'imagerie fonctionnelle tendent surtout à inventer une nouvelle modalité d'obtention de la preuve et de production de la vérité, qui ne se fait plus soit en l'absence de l'accusé (par le recours aux témoins ou à la police scientifique par exemple) soit en sa présence par la nécessité d'obtenir un aveu, mais qui repose sur une nouvelle forme d'interrogatoire dans laquelle la personne interrogée est inerte et silencieuse. Par là même, le sujet potentiellement avouant qui embarrasse tant la justice – parce qu'il n'avoue pas, parce qu'il en dit toujours moins que ce qui est attendu ou répond autre chose[126] – est neutralisé, tout comme l'aveu qui se trouve dévalorisé par le recours à cette nouvelle preuve qui serait

125 Jessica Glenza, « Polygraph critic goes on trial as part of 'Operation Lie Busters' federal inquiry », *The Guardian,* 12 mai 2015.

126 Sur la manière dont la centralité de l'aveu dans la procédure judiciaire a « déréglé » la machine pénale et sur le caractère encombrant de la personne qui doit avouer, voir Michel Foucault, *Mal faire, dire vrai…, op. cit.*, p. 199 et suivantes.

le souvenir d'avoir commis un crime. Aujourd'hui, et malgré leurs tentatives pour faire reconnaître le résultat de leurs tests comme preuve légale à des fins de condamnations des justiciables, les neuroscientifiques sont un peu partout dans le monde exclus des tribunaux. Mais l'actualité de la détection du mensonge se situe bien au-delà de la sphère judiciaire, de nouveaux dispositifs étant aujourd'hui utilisés ou testés à des fins sécuritaires, et de surveillance en particulier.

4
Sécurisation des espaces et tri des populations : ce que disent les visages

En matière de répression, les évènements dramatiques sont des accélérateurs de conceptualisation et de production de dispositifs punitifs (judiciaires, policiers, carcéraux, de surveillance). Ces derniers, qui répondent à des demandes sécuritaires émanant d'une partie de la population, des pouvoirs publics et des acteurs répressifs eux-mêmes, sont dans ces moments critiques légitimés par les ennemis à combattre ou les dangers à anticiper. Les attentats meurtriers, comme ceux du World Trade Center en 2001, de Londres en 2005 ou encore ceux, multi-sites, qui ont eu lieu en France en janvier et novembre 2015, sont exemplaires de ce point de vue puisqu'ils ont favorisé le déploiement d'un ensemble de mesures facilitant l'arrestation, l'interrogatoire, le jugement ou la détention de supposés terroristes. Bien évidemment, de très nombreuses mesures répressives adoptées post-crise ne sont bien souvent que la réactualisation d'anciens dispositifs ayant, aux yeux des responsables de la défense ou de la sécurité nationale, prouvé leur efficacité (l'état d'urgence par exemple); voire même ne sont que le produit d'une légalisation et d'une légitimation « après coup » autorisées par l'impératif de la sauvegarde nationale. Il en va ainsi de pratiques policières mobilisées en toute illégalité ou tout au moins sans encadrement légal pendant de longues périodes, et qui deviennent désormais légales au gré d'une réorientation stratégique des logiques punitives et du type d'ennemis à combattre, à l'instar des valises espionnes dites « IMSI Catcher » dont l'usage par les services de renseignement français a été validé a posteriori par la loi renseignement de 2015[127]. D'autres mesures encore sont réclamées de longue date par les professionnels en charge de la lutte contre la criminalité et la délinquance, des revendications jusqu'alors considérées comme trop dangereuses ou illégitimes mais qui sont rendues audibles et vues comme nécessaires pour répondre aux nouveaux défis sécuritaires : nous pensons ici au port d'armes des policiers hors service, une mesure exceptionnelle en 2015, rendue pérenne l'année suivante, puis étendue aux établissements recevant du public sans que la direction de ceux-ci ne puisse s'y opposer en 2021. On assiste ainsi, lors de chaque moment d'exception, à des procédés de réactualisation, de légalisation ou de validation politico-législative de dispositifs déjà mobilisés auparavant ou largement débattus, si ce n'est dans l'espace public, au moins dans les cercles de celles et ceux définissant les paradigmes répressifs.

Il ne faut pourtant pas sous-estimer « l'imaginaire punitif » qui peut naître dans ces contextes de crise, eux qui charrient un ensemble de propositions plus farfelues les unes que les autres, mais qui n'en produisent pas moins des effets politico-répressifs à plus ou moins long terme. Outre de pouvoir être adoptées dans le futur au gré des développements technologiques et de l'apparition de nouvelles menaces, ces offres pour « plus de sécurité » politisent les questions sécuritaires, favorisent les

127 Ces valises permettent par exemple de récupérer le numéro d'identifiant des cartes SIM aux alentours, d'intercepter les appels et les SMS ou d'aspirer des données liées au trafic web comme les emails et les sites visités.

débats sur les frontières entre l'utile/l'inutile, le légitime/l'illégitime, le faisable/l'infaisable en matière de répression, et plus généralement, participent de la fixation d'un seuil répressif au-delà duquel les acteurs décisionnels ne souhaitent pas s'engager. En l'occurrence, après les attentats du World Trade Center, ce sont d'innombrables entreprises qui ont offert des prestations sécuritaires dites « innovantes » ou « efficaces » pour lutter contre le terrorisme et, souvent, profité de financements généreux, quand bien même leur dispositif n'en est resté qu'à la phase de test, parfois toujours en cours. Certaines d'entre elles se sont ainsi, par exemple, focalisées sur le déploiement et la technologisation de la surveillance dans les aéroports, comme la société israélienne WECU (« We See You ») qui propose de repérer les menaces via divers instruments installés à l'insu de leurs usagères et usagers : insertion d'images subliminales dans les écrans d'affichage (photo d'Oussama Ben Laden) ; mise en place de « tapis intelligents » cachant des capteurs biométriques pour scanner les pas des personnes marchant dans les terminaux des aéroports ; ou encore installation de « sièges intelligents » dans les zones d'attente, sièges là encore remplis de capteurs biométriques et thermiques[128]. Mais dans le cadre d'un marché international focalisé sur la cybersécurité, les objets connectés, et surtout l'intelligence artificielle, ce sont de nouveaux détecteurs de mensonge qui apparaissent dans les années 2000, et ce dans le double objectif

128 Dana Rosenblatt, « Behavioral screening: the future of airport security? », site de CNN, 2 décembre 2008.

de repérer les menaces dans les aéroports et d'optimiser le contrôle qui s'y déploie. Citons-en trois : Cogito, AVATAR et Silent Talker.

Le premier détecteur de mensonge conçu pour améliorer la surveillance aéroportuaire a été développé en 2005 par la société de cybersécurité israélienne SDS (Suspect Detection System), créée par Shabtai Shoval, ancien directeur d'une société de télémarketing, avec la collaboration de l'ancien chef de la division polygraphique de la police israélienne et de l'ancien chef adjoint du Mossad. Lors de ses interventions médiatiques sur la naissance de cette nouvelle machine, le premier explique avoir été inspiré par un film de science-fiction américain, par ailleurs souvent cité pour illustrer la surveillance prédictive et les logiques répressives fondées sur l'anticipation : « Je suis tombé sur le film *Minority Report* avec Tom Cruise, dit-il. Je me suis dit qu'il serait formidable de pouvoir prédire un crime avant qu'il ne se produise. » Et il précise : « Si seulement vous pouviez faire passer à chaque personne essayant d'entrer aux États-Unis un test polygraphique avec un spécialiste, vous pourriez empêcher les terroristes d'entrer. Mais bien sûr ce n'est pas réaliste. Mais pouvons-nous créer une machine, qui utilise les bases de la technologie du polygraphe, qui fonctionne automatiquement sans le spécialiste, et qui ne prend que trois minutes[129] » ? La machine que sa société a mise au point, la SDS-VR-1000 (rebaptisée Cogito), utilise l'intelligence artificielle pour « imiter les

129 David Brinn, « Israeli airport technology detects intent of terrorists », site internet Israel21c.org, 8 mai 2005.

capacités du polygraphe », c'est-à-dire pour identifier la peur de la personne interrogée par la mesure de ses « paramètres psycho-physiologiques », cette dernière ayant posé sa main droite sur un capteur plat et répondant à un interrogatoire de type GKT. Ce dispositif a également la particularité d'intégrer un catalogue de mots censés faire réagir les seuls terroristes, comme ceux sur le matériel nécessaire à la préparation d'une bombe ou à la préparation mentale à un attentat suicide, mais aussi ceux renvoyant « à la culture et à la terminologie terroriste ». Aujourd'hui, la société s'appuie aussi sur le concept de « syndrome du terroriste chassé » (*terrorist hunting–hunted syndrome*, THHS), qui renvoie à la motivation du terroriste de ne pas se faire prendre, pour faire de son instrument un stimulateur de THHS et, plus généralement, un « détecteur d'intention ». Celui-ci serait utilisé aujourd'hui dans une quinzaine de pays pour prévenir le terrorisme ou le crime[130].

AVATAR (Automated Virtual Agent for Truth Assessments in Real-Time) a quant à lui été conçu à la fin des années 2000 par des chercheurs américains du centre d'expertise du ministère américain de la Défense – le National Center for Border Security and Immigration – et plus précisément par une équipe de recherche pilotée par Jay Nunamaker et Douglas Derrick, professeur et maître de conférences en science de l'information à l'Université d'Arizona. Selon ces derniers, AVATAR a pour objectif « d'automatiser

130 Site internet de Suspect Detection Systems LTD.

le filtrage, l'interrogatoire et l'évaluation de la crédibilité des personnes » franchissant les frontières internationales, et plus précisément de donner en temps réel leur « score de risque ». Ajusté à la hauteur du sujet, avec une interface et des capteurs adaptés en fonction de la langue et de la culture de l'individu, la machine recueille les empreintes digitales, les données biométriques du visage, scanne et lit le passeport[131]. Puis, au cours d'un entretien dit « naturel et bref », il mesure le comportement non verbal et verbal pour évaluer la « crédibilité » de l'interlocutrice ou interlocuteur. Plusieurs « capteurs non invasifs » participent à cette évaluation : un tracker oculaire *(eye-tracker)* pour mesurer la fixation et les mouvements du regard, tout comme la dilatation des pupilles ; des caméras vidéo tridimensionnelles analysant la posture et les mouvements du corps ; et enfin des microphones pour analyser la voix. AVATAR va ainsi s'attacher à déceler des « indicateurs de tromperie », comme par exemple exercer une pression sur les lèvres, relever son menton ou « avoir la bougeotte » ; avoir les pupilles dilatées ; mettre du temps à lire les questions, les relire ou y répondre ; avoir une hauteur de voix plus haute et plus variée que d'ordinaire, etc[132]. Après avoir été testé en 2012 à l'aéroport international de Nogales en Arizona, AVATAR a été expérimenté, avec la coopération de Frontex, à

131 Pour visualiser l'appareil, voir la vidéo réalisée par Jay Nunamaker et mise en ligne en décembre 2015 sur YouTube : « From Lab to Field : The Evolution of the AVATAR for Credibility Assessment ».

132 Aarons Elkins et al, *Appraising the AVATAR for Automated Border Control, Result of a European Union Fields Test of the AVATAR System for Interviewing and Passport Control*, octobre 2014, 31p.

Varsovie en Pologne (expérience dite de la « fausse bombe » ou expérience « sur les hooligans »), puis encore testé en 2013 à l'aéroport international de Bucarest avant de l'être à JFK (New York) deux ans plus tard. Là, les voyageuses et voyageurs ont dû scanner leur passeport puis répondre aux questions d'un interrogateur virtuel : « Êtes-vous citoyen des États-Unis ? Habitez-vous à l'adresse indiquée ? Est-ce votre premier voyage aux États-Unis[133] ? ». Financés dès le départ par les ministères de la Défense et de la Sécurité américains, par Frontex mais aussi par la National Science Foundation, les chercheurs impliqués dans la conception d'AVATAR ont ensuite fondé la société Discern Science International, qui a obtenu en 2018 la licence exclusive mondiale d'un « vaste portefeuille de technologies liées à la détection du mensonge » selon leurs propres termes. Aujourd'hui, ces derniers prévoient d'élargir le champ d'intervention de leur instrument aux institutions gouvernementales, aux « centres de transit et de masse » et aux stades sportifs[134].

Dernier exemple que nous souhaitons citer, le système iBorderCtrl, qui a été développé par des universitaires spécialisés en intelligence artificielle de l'Université de Manchester, et des informaticiens et ingénieurs grecs et chypriotes pour « réduire le contrôle subjectif et la charge de travail des agents humains » aux frontières. Très proche du

133 Elena Senders, « La preuve par le détecteur de mensonge », site internet de Science et Avenir, 11 janvier 2015.

134 Site internet de Discern Science International.

programme américain, il s'agit, selon ses concepteurs, « d'un système de détection automatique qui analyse les scores de risque de tromperie à partir du comportement non verbal capturé pendant un entretien mené par un avatar ». Cet avatar, dit « agent conversationnel » et appelé Silent Talker (« le bavard silencieux ») est en effet un système d'intelligence artificielle qui, au cours d'une conversion avec une personne, va analyser et détecter des « biomarqueurs de tromperie », se focalisant sur les yeux, le regard, le visage, la posture, les gestes, les données de l'angle du visage, mais aussi les « sons vocaux non linguistiques » (micro-tremblement de la voix ou modulation de fréquence). Les chercheuses et chercheurs insistent, dans leurs publications mais aussi dans les médias, sur la capacité de l'avatar à décrypter des « micro-expressions faciales » ou des « micro-gestes », à savoir des gestes « non verbaux » et « très fins » comme par exemple « le mouvement d'un œil, de complètement ouvert à demi ouvert ou demi ouvert à fermé[135] ». Ce système, financé à hauteur de 4 millions d'euros par l'Union européenne et intégré dans son programme Horizon, a été testé à des postes frontières en Hongrie, Grèce et Lettonie. Tandis que les enquêtes se multiplient pour dénoncer les « faux positifs[136] » et l'absence de base scientifique du projet, l'Union européenne refuse désormais, depuis février 2020, de communiquer sur iBorderCtrl, expliquant par biais de l'avocat de son agence de recherche que la divulgation

135 James O'Shea et al., *Intelligent Deception Detection through Machine Based Interviewing,* Conference Paper, juillet 2018, p. 9.

136 Sophie Jean, « Des détecteurs de mensonge expérimentés aux frontières extérieures de l'Europe », *Le Monde,* 2 septembre 2019.

d'informations sur ce programme « mettrait en péril les intérêts commerciaux et la réputation des entreprises et institutions participantes », montrant là encore les enjeux économiques liés à la détection du mensonge et l'opacité entourant ce type de technologies. Il y a quelques mois, en février 2021, saisie par l'eurodéputé Patrick Breyer, la Cour de justice de l'UE intervenait, sans plus de succès, pour exiger plus de détails concernant iBorderCtrl et Silent Talker[137].

Comme pour les scanners cérébraux, ces nouveaux dispositifs sécuritaires s'ancrent dans une histoire longue de la détection du mensonge, raison pour laquelle on assiste à un réinvestissement technologique de deux modalités de traque de la vérité moins connues que le polygraphe mais qui n'en ont pas moins marqué tant les représentations de la tromperie que les procédures de véridiction : l'analyse du comportement verbal d'un côté, l'observation des micro-gestes ou mouvements de l'autre. La première, celle qui focalise sur le comportement verbal, est même l'une des premières formes de détection du mensonge : dès 1904, et dans le but de surmonter la « volonté trompeuse » de suspects, des chercheurs allemands ont mis au point une « méthode de diagnostic mental » focalisée sur l'association de mots. Cette technique visant à déceler la manière dont un menteur va produire involontairement une association de mots liée à son crime dès lors que celui-ci est évoqué, a été utilisée

137 Arrêt de la Cour de justice européenne du 15 décembre 2021 (site de la Cour, curia.europa.eu).

par Carl Jung pour établir la culpabilité de suspects et évaluer leur état psychopathologique, tandis qu'à la même période de nombreux psychologues américains y ont recours. Dès le début du XXe siècle, la détection du mensonge a ainsi été fondée sur ce que la sociologue Susanne Weber a appelé « la déviation des énoncés » et du temps de réaction, à savoir une anormalité du comportement verbal et linguistique[138].

La seconde, qui vise à détecter le mensonge via la mesure des comportements non verbaux, et en particulier par la lecture du visage, est celle qui a le plus suscité l'intérêt des chercheurs et des experts. Sans remonter à Charles Darwin, qui avait associé dès le XIXe siècle l'expression des sentiments à des mouvements faciaux spécifiques tant chez les animaux que les humains mais qui reste une source d'inspiration sur ce sujet aujourd'hui[139], nombre de psychologues et neuropsychologues se sont penchés sur le lien entre expression d'affects et mouvements du visage, avant que ces recherches ne soient réintégrées dans le cadre de politiques de vérité et de surveillance[140]. Le chercheur de référence sur cette question est le psychologue américain Paul Ekman, spécialiste de l'affect, qui a créé dès la fin des années 1970 un répertoire d'expressions d'émotions et mis au point une base de données

138 Susanne Weber, *op. cit.*, p. 49 et suivantes.

139 Paul Ekman (dir.), *Darwin and facial expression, San Francisco*, Malor Books.

140 Peter Adey, « Facing airport security : affect, biopolitics, and the preemptive securitisation of the mobile body », *Environment and Planning D: Society and Space*, vol. 27, n° 2, 2009, p. 280 et suivantes.

d'interprétation de celles-ci appelé Facial Action Coding System[141]. Sur la base de ces recherches, il commence à travailler la décennie suivante sur la détection du mensonge, notamment à partir d'entretiens filmés avec des internés en hôpitaux psychiatriques, des infirmières et des étudiant·es[142]. Sa thèse est la suivante : les intentions d'une personne et ses mensonges s'expriment involontairement à travers les émotions, elles-mêmes divulguées par des « micro-expressions » ou des « réponses musculaires involontaires ». Si Paul Ekman est rapidement reconnu pour ces travaux sur les émotions, ce n'est pourtant qu'après le 11 septembre 2001 que ceux liés à la détection du mensonge suscitent divers intérêts sécuritaires : « Pendant quarante ans, j'ai bénéficié de bourses du gouvernement pour mes recherches sur le comportement non verbal et l'émotion, écrit-il dans l'un de ses nombreux ouvrages. Cependant, je n'ai pu obtenir de soutien pour mes recherches sur le comportement qui peut trahir le mensonge et j'ai dû m'appuyer sur mes ressources personnelles (…). Tout a changé après le 11 septembre. Pour la première fois, une branche du ministère de la Défense a financé nos recherches sur la tromperie, nous permettant de mesurer le comportement de centaines de sujets[143] ». Aussi, à partir de cette date, Paul Ekman est sursollicité pour ses recherches sur la détection du mensonge, tant

141 Paul Ekman, Wallace Friesen, *Facial Action Coding System : A Technique for the Measurement of Facial Movement*, Consulting Psychologists Press, Palo Alto, 1978.

142 Paul Ekman, « Why Don't We Catch Liars? », *Social Research*, vol. 53, n° 3, 1996, 801-817.

143 Paul Ekman, *Je sais que vous mentez ! L'art de détecter ceux qui vous trompent*, Pascal Loubet (trad.), Paris, J'ai lu, 2011, p. 182.

par les institutions politiques, policières et militaires américaines que par celles d'autres pays (la Russie, l'Angleterre ou Israël), et ses travaux enseignés dans de nombreuses formations à destination d'agents chargés d'assurer la sécurité d'un territoire ou d'un lieu. À ce titre, et outre de devenir formateur pour le FBI et la CIA, Ekman travaille dès 2003 sur un programme de la TSA (Transportation Security Administration) connu sous le nom de Screening Passengers by Observation Techniques (SPOT): des centaines d'agents de contrôle dans les aéroports américains vont alors être formés à repérer la manière dont les sentiments des usagères et usagers des aéroports, notamment les émotions qu'ils essaient de dissimuler, s'expriment par des gestes infimes et instantanés visibles sur le visage, comme par exemple des sourcils levés, les lèvres pincées etc. Ce n'est donc pas un hasard si, malgré les très nombreuses critiques du programme SPOT (coût financier, absence de validation scientifique de son efficacité, discrimination raciale avec focalisation des agents sur les individus racisés[144]), les travaux de Paul Ekman sont cités par les inventeurs des programmes AVATAR et iBorderCtrl, et que la détection du mensonge via le repérage des affects suscite un intérêt croissant depuis le début des années 2000.

La recherche de « biomarqueurs de tromperie » s'inscrit ainsi dans la double logique répressive soulignée plus haut: l'innovation sécuritaire d'un côté,

144 Dès 2011, le programme fait l'objet d'un contrôle par le Congrès américain. Voir *Behavioral Science and Security: Evaluating TSA'S Programm. Hearing before the subcommittee on investigation and Oversight,* Committee on Science, Space and Technology, house of representatives, 6 avril 2011.

la réactualisation et le perfectionnement d'anciens dispositifs, ici de véridiction, de l'autre. Souvent à l'essai, non commercialisés ou arrêtés au bout de quelques mois ou années, ces programmes ne sont pourtant pas que des gadgets liés aux politiques d'encouragement à l'innovation en matière de sécurité. Ils éclairent les évolutions contemporaines tant de la surveillance que de la gestion sécuritaire des corps, celle-ci étant partie intégrante de ce que le chercheur Peter Adey nomme une « sécurisation biopolitique préventive de la mobilité transnationale[145] ».

En effet et premièrement, ils doivent beaucoup au renforcement de la sécurité aéroportuaire et à l'impératif de surveillance et de transparence totale qui s'y déploient. Les aéroports se prêtent d'ailleurs d'autant plus aux dispositifs de véridiction qu'à l'ère de la mondialisation, et dans le contexte post-11 septembre, ils doivent être « le plus ouverts possible aux voyageurs légitimes et aussi fermés que possible aux voyeurs illégitimes » selon le spécialiste de la surveillance David Lyon[146], c'est-à-dire mettre en œuvre des mécanismes de tri, de filtre des populations, et d'aide au partage entre les « bons voyageurs » et les autres, ou, plus exactement, entre les vrais voyageurs et les autres. Comme l'explique Keeley Crockett, maîtresse de conférences à l'Université de Manchester et conceptrice de iBorderCtrl, l'interrogatoire virtuel a pour objectif de

145 Peter Adey, art. cit.

146 David Lyon, « Airport Screening, Surveillance and Social Sorting: Canadian Responses to 9/11 in Context », *Canadian Journal of Criminology & Criminal Justice*, vol. 48, n° 3, juin 2006.

« déterminer si les gens mentent au sujet de qui ils sont et pourquoi ils voyagent[147] ». Inscrite dans une politique traditionnelle de recherche du « faux » (du faux passeport aux fausses motivations au voyage en passant par les fausses déclarations), cette détection de mensonge automatisée doit ainsi être rapportée à l'impératif de gestion des flux, de contrôle et d'anticipation des menaces qui se déploient dans des lieux de fortes mobilités.

Deuxièmement, ils s'inscrivent dans le cadre de ce que les détracteurs des politiques migratoires appellent le « solutionnisme technologique » ou le « techno-solutionnisme », celui qui vise à surveiller des frontières par le biais de la technologie, et plus généralement à repérer « les mobilités indésirables », tant par des dispositifs de surveillance eux-mêmes mobiles que par des examens réalisés sur le lieu même du tri des populations. L'Europe en particulier, via Horizon 2020 (le plus gros programme européen pour la recherche et l'innovation) éclaire ce phénomène, puisqu'elle finance de nombreux projets pilotes reposant sur des technologies automatisées à des fins de contrôle des frontières et de gestion de l'immigration légale et illégale. Citons-en deux. Le premier est le projet FOLDOUT, mobilisant des capteurs aériens et terrestres, des drones, mais aussi des ordinateurs en réseau pour « suivre les migrants, de jour et de nuit, et même en forêt[148] ». Le second est ROBORDER, à l'essai dès 2019 sur l'île

147 Intervention au Manchester Science Festival de 2018.

148 Aggelos Vassileiou et al., « FOLDOUT project : Toward an enhanced and innovative architecture for border protection », *JDST*, vol. 1, n° 1, 2022, pp. 1-28.

de Kios en Grèce, et à la frontière bulgo-serbe, qui déploie des robots mobiles sans pilote (véhicules terrestres, sous-marins et aériens) dotés de capteurs pour collecter des données et pouvoir alerter les autorités en cas d'activités suspectes aux frontières[149]. En ce sens, l'ensemble des projets précités s'inscrivent dans le contexte d'émergence d'une surveillance automatisée, à distance, dont l'objectif est de repérer des menaces ou d'anticiper des comportements à des fins de traitement différencié des populations et des corps[150]; et ce, soit par des procédés de « fixation phénétique », à savoir des techniques de surveillance focalisées sur la récolte d'informations extraites de corps en mouvement, soit par des examens et des interrogatoires plus classiques, ici menés par des avatars.

C'est dire enfin que ces projets, comme Cogito, AVATAR ou iBordelCtrl, participent d'une robotisation de la sécurité et de la répression. Dans ce cas précis, on assiste en effet à une robotisation de la détection du mensonge, incarnée par le douanier virtuel ou l'agent conversationnel, qui a incidemment la particularité de remplacer un acteur essentiel des politiques policiaro-judiciaires traditionnelles de traque de la vérité: l'interrogateur humain (policier, juge, polygraphe, agent de probation, psychologue, expert). Cette version actualisée du polygraphe, adaptée aux besoins sécuritaires en biotechnologie et inscrite dans le développement croissant de robots humains et d'interfaces

149 Voir le site roborder.eu.

150 David Lyon, art. cit.

« hommes-machines[151] », éclaire dès lors la tendance non seulement à rajouter sans cesse des étapes répressives – l'interrogatoire automatisé avant l'interrogatoire et la fouille humaines – mais à remplacer l'agent responsable de la sécurité par une machine. Un parallèle intéressant peut ici être fait entre la robotisation de la détection du mensonge et la justice algorithmique, en balbutiement. Des études ont en effet conclu qu'un algorithme était capable, huit fois sur dix, de rendre « la même justice » qu'un magistrat humain. Ce qui ressort de ces recherches et des débats qui en ont suivi, c'est que les juges mais aussi les avocats pourraient dans le futur s'appuyer sur ces « machines intelligentes » ou ces « magistrats robots », à des fins de gestion plus rapide des dossiers pour les premiers, d'analyse de la jurisprudence et de calcul des « chances » de réussite au procès pour les seconds[152]. Or, si les promoteurs de l'intelligence artificielle appliquée à la détection du mensonge présentent leur instrument comme une aide efficace à la sécurisation de certains lieux ou espaces, ils présentent également leur avatar comme « meilleur » que des agents humains. Celui-ci ferait mieux sur deux plans : celui des discriminations et celui, encore une fois, du taux de réussite. Il faut lire ce que disent les chercheurs de Borders : « Aucun dispositif ou indicateur unique – “le nez de Pinocchio” – ne peut identifier avec précision les menaces ou les tromperies, tout

151 Mathieu Rigouste, *La Police du futur. Le marché de la violence et ce qui lui résiste*, Paris, Éditions 10/18, 2022, p. 32.

152 Boris Barraud, « Un algorithme capable de prédire les décisions des juges : vers une robotisation de la justice? », *Les Cahiers de la justice*, vol. 1, n° 1, 2017, pp. 121-139.

en minimisant les fausses alertes et les faux négatifs (...). L'évaluation d'un individu par un agent peut être inexacte, arbitraire, inefficace ou discriminatoire (intuition) »[153], problèmes censés être résolus par leur machine conversationnelle.

Outre que la fiabilité et la validité scientifiques de ces programmes n'ont jamais été prouvées, les études les plus récentes ont toutes montré le caractère discriminatoire des pratiques sécuritaires s'appuyant sur des algorithmes[154]. Cela est par exemple le cas des programmes d'attribution de notes de risque dans les aéroports américains, qui se focalisent avant tout sur la population voyageuse moyen-orientale[155], ou des logiciels de prédiction de la récidive qui classent presque systématiquement « à haut risque » les Afro-Américains et les individus aux plus faibles ressources, précisément parce que ce sont eux qui sont plus souvent arrêtés aux États-Unis[156]. C'est également le cas pour les systèmes de reconnaissance faciale associés à la surveillance algorithmique, et qui, selon Joseph Pugliese, sont « infrastructurellement calibrées pour la blancheur[157] » : les discriminations à l'œuvre dans ces technologies de reconnaissance faciale reproduisant les préjugés sexistes et raciaux sont alors

153 Aarons Elkins et al, *op. cit.*, p. 4.

154 Voir notamment le rapport récent de l'Agence des droits fondamentaux de l'Union Européenne : *Bias in Algorithms. Artificial Intelligence and Discrimination*, 2002, [en ligne sur le site fra.europa.eu].

155 Keith Guzik, « Discrimination by Design: Data Mining in the United States' "War on Terrorism" », *Surveillance & Society*, vol. 7, n° 2, 2009, p. 1-17.

156 Cathy O'Neil, *Algorithmes : la bombe à retardement,* Paris, Les Arènes, 2018, p. 65 et suivantes.

157 Joseph Pugliese, *Biometrics: Bodies, technologies, biopolitics*, Routledge, 2010.

principalement subies par les Noirs (rappelons que l'application photo de Google avait identifié des personnes noires comme des gorilles), et par les femmes noires en particulier (taux d'erreur de dix fois supérieur aux femmes blanches)[158]. Il y a ainsi peu de chance que les programmes de détection du mensonge échappent aux biais largement documentés des algorithmes, tant en ce qui concerne la programmation des intelligences artificielles, souvent effectuée par des hommes[159], que dans leurs applications concrètes. Le cas de iBorderCtrl est révélateur de ce point de vue[160] puisque non seulement sa machine a été programmée pour détecter le genre comme binaire (homme, femme), mais celle-ci a été conçue sur la base de recherches menées auprès d'un tout petit échantillon majoritairement composé d'hommes européens, augmentant la fiabilité de l'appareil pour ces derniers mais aussi la probabilité de faux positifs pour les personnes transgenres ou non binaires, et les individus racisés[161]. Sur ce point, un certain nombre de recherches ont en effet montré que les échantillons manquant de diversité réduisent la précision des intelligences artificielles dès lors qu'elles sont soumises à des populations

158 Marcus Dupont-Besnard, « Reconnaissance faciale : une étude montre que les algorithmes discriminent plus les femmes noires », *Numerama*, 24 juillet 2019.

159 Clementine Collet, Sarah Dillon, *AI and Gender. Four proposals for Future Research*, Report for the Leverhulme Center for the Future of Intelligence, 2019.

160 Pour une analyse technique, voir Javier Sanchez-Monodero, « The politics of deceptive borders : biomarkers and deceit and the case of iBorderCtrl », *Information, Communication & Society*, vol. 25, n°3, 2022.

161 Lucy Hall, William Clapton, « Programming the machine: gender, race, sexuality, AI and the construction, of credibility and deceit at the border », *Internet Policy Review*, vol. 10, n° 4, 2021.

plus nombreuses et hétérogènes, et augmentent le risque de discriminations pour les personnes racisées ou non conformes aux normes de genre. Mais ces dernières ne sont pas les seules à pouvoir être discriminées par la détection automatisée du mensonge. Au regard d'une programmation uniformisant les modalités d'expression des émotions (qui n'ont rien d'universelles), il en va ainsi de toutes celles et ceux dont le langage corporel et les expressions faciales ou verbales sont déviants des normes comportementales, telles les personnes en situation de handicap ou présentant des troubles psychologiques (stress post-traumatique, dépression, trouble du spectre de l'autisme, hypersensibilité etc.) [162]. Les demandeuses et les demandeurs d'asile ayant subi des violences lors de leur parcours migratoire ou dans leur pays d'origine seraient, de ce point de vue, particulièrement soumis à la détection à tort du mensonge, les technologies d'intelligence artificielle n'étant pas ou peu capables de reconnaître les traumatismes subis et les expressions y affairant. Ce sont ainsi un ensemble de groupes déjà stigmatisés et discriminés qui peuvent subir les effets punitifs des divers avatars traqueurs de tromperie.

Enfin, à la robotisation de la détection du mensonge répond une déshumanisation et une objetisation des hommes et des femmes circulant dans des espaces surveillés, et qui sont in fine traité.es comme des objets à scruter, à scanner, et à trier, et ce dans le cadre d'une logique de transparence qui

162 Voir « iBorderCtrl Automates Discriminations » (sur le blog iBorderCtrl.no).

passe en premier lieu par la transparence du corps, à l'image des scanners à rayon X qui répondaient jusqu'au début des années 2010 à une « logique d'exposition absolue » en dévoilant l'ensemble du corps humain, avant d'être progressivement réservés aux bagages en raison de leur nocivité[163]. Progressivement, le corps n'est plus fouillé ou scanné car potentiellement porteur d'armes ou de produits dangereux, le corps devient lui-même une menace. Critiquant la focalisation de la sécurité aéroportuaire sur les armes pour mieux souligner l'intérêt de la détection du mensonge automatisée, l'homme d'affaire Shobat peut ainsi dire dans *The Jerusalem Post* : « Le concept occidental de recherche d'armes est fondamentalement erroné. Quelqu'un qui veut commettre un attentat trouvera un moyen de le faire, que ce soit avec un objet ou avec un autre. La personne est ce qui est important, l'arme est marginale. En fait, la personne est l'arme[164] ! ». Assimilable à un objet, le corps dans son ensemble fait ainsi l'objet d'investissements répressifs inédits à des fins de vérification, d'identification, et de tri : il est observé, lu, examiné. Plus encore, la conjonction de programmes de surveillance focalisés sur les intentions et de systèmes robotisés de détection du mensonge conduit à une attention sécuritaire nouvelle sur une partie du corps peu investie jusqu'alors par les experts

163 Matthieu Tiessen, « Being Watched Watching Watchers Watch: Determining the Digitized Future While Profitably Moduling Preemption (at the Airport) », *Surveillance & Society*, vol. 9, n°s 1-2, 2011, p. 178 et suivantes.

164 Sam Ser, « The sabra approach to preventing a new 9/11 », *The Jerusalem Post*, 7 septembre 2006.

en sécurité : le visage. Si le crâne et même, nous l'avons vu, le cerveau, a pu faire l'objet dans le passé d'investissements criminologiques et punitifs, jamais le visage n'a été autant scruté à des fins répressives. Cela est particulièrement vrai pour la reconnaissance faciale, mais cela vaut aussi, on le voit, pour les « agents conversationnels » et les dispositifs de véridiction fonctionnant à l'aide d'algorithmes, et dont l'objectif est d'identifier et de lire les « changements » ou les « transitions » du visage pour détecter des émotions. Ce qui est le plus visiblement humain et personnel, propre à chacune et à chacun, tout comme le sont les expressions faciales ou les « tics » du comportement non verbal[165], devient ainsi un ensemble de données analysées par intelligence artificielle, traduites en langage informatique, avant d'être réinterprétées en termes de risques.

Mise au service de politiques et de sciences à la fois prédictives et préventives, la détection de mensonge perd alors sa fonction première d'obtention de l'aveu. Automatisée, programmée pour trier et filtrer les populations, elle vise surtout, selon une logique antiterroriste et répressive désormais bien connue, à faire arrêter des individus avant qu'ils ne passent à l'acte et qu'ils ne commettent un crime ou un délit. Les divers avatars et agents conversationnels font ainsi partie des « machines à prédire le crime » qui se développent depuis quelques années outre-Atlantique et qui s'appuient sur des

165 Bien que ces phénomènes puissent être le produit de la socialisation.

algorithmes et des *machine learning*[166]. À ceci près qu'ils s'attachent ici à identifier des émotions et à déceler des intentions. En cela, ils reflètent certaines caractéristiques de la surveillance contemporaine, et en particulier sa capacité progressive à récolter une foule de données comportementales (rythme cardiaque, mouvements divers du corps, activités musculaires etc.) et d'informations liées à la vie intime des cibles, telles leurs humeurs et leurs émotions. Comme dans le domaine du marketing, la détection automatisée du mensonge n'est ainsi que l'un des champs d'application de « l'informatique affective[167] », dont l'objectif est de connaître en temps réel l'état émotionnel d'une cible. À ce titre, dès lors qu'elle s'émancipe d'un usage strictement policier ou judiciaire pour répondre à des impératifs plus généraux de surveillance et d'anticipation des menaces et des dangers, la détection du mensonge vise un nombre bien plus grand d'individus que ne l'est le groupe des justiciables suspectés d'avoir commis un crime : la population voyageuse, les mobilités indésirables et les corps mobiles. Néanmoins, certains chercheurs et experts anticipent déjà d'autres applications possibles de leur machine, comme le montre le site internet des concepteurs d'AVATAR sur lequel sont visibles des photos de gares, de stades ou de bâtiments publics devant lesquels se déroule une manifestation[168]. La

166 Voir par exemple le logiciel américain Predpol analysé par Bilel Benbouzid : « Des crimes et des séismes. La police prédictive entre science, technique et divination », *Réseaux*, vol. 6, n° 206, 2017, pp. 95-123.

167 Zuboff Shoshana, *L'Âge du capitalisme de surveillance,* Paris, Zulma, 2022, p. 531-532.

168 Voir le site de Discern Science International.

gestion des contestations politiques par la recherche de biomarqueurs de tromperie et d'intentions dites « malveillantes » fait ainsi partie, aujourd'hui, de l'imaginaire punitif de certains concepteurs de dispositifs de véridiction.

5
Surveiller et tester

Dans un article fondateur des *surveillance studies*, le chercheur Mark Andrejevic décrit le renforcement sans précédent dans les régimes démocratiques de la surveillance mutuelle (les citoyennes et citoyens se surveillent entre eux), cette dernière étant permise par la prolifération de techniques et de dispositifs d'investigation permettant aux particuliers d'obtenir ou de vérifier des informations personnelles sur autrui, de « mieux la ou le connaître » et bien sûr, de détecter ses mensonges[169]. Cette utilisation privée d'outils réservés aux forces de l'ordre, aux enquêteurs professionnels ou aux institutions publiques se déploierait prioritairement dans la sphère familiale et amoureuse, et serait rendue possible par un ensemble de gadgets comme les détecteurs de mensonge portables fonctionnant sur la mesure du niveau de stress vocal, et que l'on retrouve sur internet dès 2004 pour moins de 200 dollars. « Vous pouvez savoir si votre amant a été fidèle, ce que vos collègues et votre patron pensent vraiment, et si vos amis et votre famille sont vraiment honnêtes » indique le groupe Harris Digital Publishing, l'un des premiers à commercialiser ce type de produits.

Ces usages-ci du détecteur de mensonge peuvent prêter à sourire, notamment lorsqu'ils sont médiatisés sur le ton de l'humour, et qu'ils illustrent des conflits conjugaux dont sont adeptes la presse à sensation et les médias à la recherche d'informations dites « insolites ». Citons le cas de « la femme la plus jalouse du

169 Mark Andrejevic, « The Work of Watching One Another: Lateral Surveillance, Risk and Governance », *Surveillance & Society*, vol. 2, n° 4, 2004, pp. 479-497.

monde[170] », une anglaise de 42 ans soumettant son compagnon à l'instrument (une sorte de grosse souris d'ordinateur[171]) chaque fois qu'il sort, et dont le « comportement paranoïaque », rapporté par le *Daily Mail*, a été repris par de nombreux médias comme en France CNews. Outre de diffuser des stéréotypes de genre (« les femmes sont naturellement jalouses » ou, dans une autre variante, « particulièrement menteuses[172] ») et d'invisibiliser la réalité des violences conjugales ou intra-familiales – rappelons que les femmes sont les premières victimes du harcèlement psychologique et sexuel technologisé, comme le montre la cyberviolence – la médiatisation de ces faits divers tend à la fois à exceptionnaliser les usages privés de la détection du mensonge en visibilisant des cas « extrêmes », et à les banaliser. Elle participe en effet de la croyance selon laquelle tout le monde peut utiliser ces dispositions de véridiction ou (faire) tester ses proches, précisément le message publicitaire qu'entendent diffuser les experts : sociétés, polygraphes professionnels ou enquêteurs privés.

Le cas de l'infidélité est néanmoins intéressant, puisqu'il s'agit là de l'un des premiers débouchés économiques américains de la détection du mensonge

170 Laurie Bergerons, « La femme la plus jalouse du monde s'est mariée », *Le Journal de Québec*, 11 novembre 2014.

171 Pour voir le gadget : « Jalouse, elle passe son fiancé au détecteur de mensonge quand il sort », cnews.fr, 21 novembre 2011.

172 Sur la manière dont les femmes ont été utilisées par les experts pour promouvoir le polygraphe et plus généralement sur la détection du mensonge appliquée aux femmes, historiquement vues par l'anthropologie criminelle comme menteuses, secrètes, aux pathologies invisibles et incapables de dire la vérité, voir les travaux de références de Geoffrey C. Bunn, et en particulier son article « Supposing that thruth is a woman, what then? The lie detector, the love machine, and the logic of fantasy », *History of Human Sciences,* vol. 32, n° 5, 2019, pp. 135-163.

au début du XXe siècle, le polygraphe ayant été dépeint dès les années 1930 comme capable de résoudre des conflits et des problèmes conjugaux, et utilisé dès cette période dans les tribunaux civils dans le cadre de procédures de divorce. Aujourd'hui encore, ces tests spécifiques appelés « domestiques », qui ont toujours été particulièrement lucratifs pour les polygraphes (entre 75 et 500 dollars payables à l'avance dès le milieu des années 1980[173]), représentent l'essentiel de l'activité « d'examinateurs » qui se sont spécialisés dans la traque de l'infidélité et en font la promotion, notamment sur leur site internet, tant aux États-Unis (ils représenteraient 15 % des centaines de milliers de tests annuels réalisés outre-Atlantique), au Royaume-Uni[174], en Belgique, en Inde ou en Israël.

Reposant sur la croyance en sa capacité à obtenir des aveux mais aussi à déceler la tromperie et à révéler des secrets, la réappropriation de dispositifs de véridiction par les particuliers et leur importation dans la sphère familiale et privée s'inscrit à l'intersection de trois types de marchés en plein essor. Outre celui du divorce, qui autorise la mobilisation de diverses expertises en fonction du statut social et des ressources économiques[175], le premier est « le marché de l'amour », en partie étudié par Eva Illouz. Rencontrer l'autre, le découvrir, vivre une « belle

173 Phillip W. David, Pamela McKenzie-Rundle, « The social organization of lie-detector tests », *Journal of contemporary ethnography*, vol. 13, n° 2, 1984, p. 185.

174 Voir par exemple: « Divorce without Consent Issue resolved by Newark Lie Detector Test », site internet liedetectortest.uk.

175 Céline Bessières, Sibylle Gollac, *Le genre du capital. Comment la famille reproduit les inégalités*, Paris, La Découverte, 2020, p. 335.

histoire » ou savoir ce qu'il ressent fait partie des promesses de ce nouveau marché qui, des applications de rencontres aux spécialistes de l'organisation de mariages en passant par les experts des problèmes conjugaux (thérapie de couple), joue sur les peurs ou les manques (d'amour, de sexe, de relations sociales etc.). Ce n'est pas un hasard si le polygraphe a été décrit dès sa commercialisation extra-policière dans les années 1930 comme un « détecteur d'amour » ou que de nombreuses sociétés promeuvent aujourd'hui l'investigation amoureuse, avec par exemple le développement de logiciels de type « Love Detector », basés sur l'analyse algorithmique des ondes de la voix, et censés mesurer le « degré amoureux » de l'interlocuteur ou de l'interlocutrice. Notons que l'entreprise israélienne pionnière en la matière, Nemesysco, fournit aussi l'armée et les agences de sécurité israéliennes, l'aéroport international de Moscou, des assurances soucieuses de détecter des fraudes ou encore des centres d'appel voulant mesurer le stress des personnes à l'autre bout du fil[176]. Même si nous y reviendrons plus bas, on voit bien que les particuliers ne sont pas pour l'heure les principales cibles des sociétés commercialisant la détection du mensonge, et que les usages de tels instruments au sein des cercles familiaux ou amicaux ne sont que l'ultime débouché de ce marché, servant davantage à la fois à entretenir le mythe de la possible détection technologisée des émotions, des sentiments ou de la tromperie, et à populariser tant les dispositifs

176 Virginie Robert, « Le logiciel qui démasque la voix », *Les Échos*, 7 mars 2007.

de véridiction que les entreprises vendeuses qui obtiennent dès lors une publicité qu'elles n'auraient pas eue autrement.

Le cas de Converus est exemplaire de ce point de vue. Créé en 2014 et financé par le milliardaire Mark Cuban, connu outre-Atlantique pour être notamment le propriétaire de l'équipe de basketball des Mavericks de Dallas, Converus présente un « test de détection de mensonge précis, non intrusif, qui se réalise en 30 minutes, par l'analyse du comportement des yeux », à savoir par l'analyse de la dilatation des pupilles et du temps de réaction de l'œil[177]. Au départ pensé pour pouvoir arrêter des passeurs de drogue ou des détenteurs d'explosifs dans différents points d'entrée d'un territoire, ce test de détection du mensonge oculo-moteur a été développé en 2012 par un professeur en psychologie de l'éducation, John C. Kircher, qui finira consultant pour le département de la défense et les services de renseignement américains notamment[178]. Sa technique appelée « Eye Detect » – un tracker oculaire analyse les réactions et mouvements de l'œil lorsqu'une personne, assise en face d'un ordinateur muni d'une caméra, répond à des questions – est l'aboutissement de nombreuses études indiquant d'une part que mentir demanderait plus d'efforts mentaux que de dire la vérité, et d'autre part que ces efforts se traduiraient avant tout par des changements affectant les yeux (dilatation des pupilles, fixation plus importante, temps de lecture

177 Mark Harris, « An Eye-Scanning Lie Detector is Forging a Dystopian Future », *Wired*, 4 décembre 2018.

178 Sur sa biographie, voir Jana Cunningham, « Your Lying Eyes », www.education.utah.edu.

plus longs)[179]. Cette attention portée sur les yeux n'est pas nouvelle. Nous avons ainsi vu la manière dont l'observation de la dilatation des pupilles avait été utilisée dans le cadre de la grande purge homophobe canadienne des années 1950. Mais les yeux sont aujourd'hui l'une des parties du visage sur laquelle se focalise le plus la surveillance biométrique, en particulier en ce qui concerne l'iris[180], à des fins d'identification et de profilage. Aussi, présentant son test oculo-moteur comme une alternative plus rapide, moins chère et plus précise que le polygraphe, Converus peut se prévaloir aujourd'hui de plus de 500 clients dans le monde, parmi lesquels Auchan, McDonald, FedEx ou la chaîne d'hôtels Best Western. Mais nous pourrions également citer les forces de police américaines (une centaine en sont équipées), le département d'État américain, qui l'a mobilisé dans le cadre de processus de recrutement dans ses ambassades au Paraguay et au Guatemala, ou encore certains États comme le Connecticut qui utilise Eye Detect dans le cadre du suivi judiciaire des délinquants sexuels. Si l'entreprise vise trois secteurs en particulier, les forces de l'ordre, les lieux de pouvoir, et les services de ressources humaines, cette dernière se mobilise également pour que son dispositif de détection du mensonge soit reconnu comme preuve au tribunal : en 2018, un tribunal de district du Nouveau-Mexique a autorisé l'utilisation d'Eye Detect dans le cadre d'une affaire de crime sexuel

179 John C. Kircher, David C. Raskin, « Laboratory and Field Research on the Ocular-motor Deception Test », *European Polygraph*, vol. 10, n° 4, 2016, p. 160 et 161.

180 Mark Maguire, « The Birth of Biometric Security », *Anthropology Today*, vol. 24, n° 2, 2009, p. 9.

sur mineure, alors que se multiplient ces dernières années des audiences d'admission d'Eye Detect au sein des prétoires américains. Enfin, l'entreprise est considérée comme l'une des plus prometteuses en ce qui concerne la conception de détecteurs de mensonge privés, qui pourraient notamment être utilisés sur des téléphones portables. À ce titre, Eye Detect est fortement médiatisé, comme en témoigne en mars 2022 sa présentation sur RMC et BFMTV, Estelle Denis le décrivant comme « la version ultime du détecteur de mensonge, une machine qui lit en nous comme dans un livre ouvert[181] ».

Si le cas de Converus éclaire encore une fois la diversité des dispositifs de véridiction, leur technologisation progressive et l'investissement sécuritaire dont ils font l'objet, il montre surtout que les instruments de traque de la vérité sont avant tout, historiquement et encore aujourd'hui, le fait d'organismes publics ou d'entreprises privées. Par exemple, jusqu'au milieu des années 1980 aux États-Unis, date à laquelle un million de tests sont effectués chaque année, les plus gros « consommateurs » de polygraphes sont les banques, les points de vente de médicaments, les marchés de proximité mais aussi les franchises de restauration rapide[182] au sein desquelles pouvaient être soumis·es au détecteur de mensonge les salarié·es se déclarant victimes de harcèlement sexuel ou de discriminations, et, surtout celles et

181 Anthony Morel, « Une machine qui lit la vérité dans vos yeux : le détecteur de mensonge ultime », BFMTV, 8 mars 2022.

182 50 % des fast-foods américains à cette date utilisent le polygraphe (Benjamin Kleinmuntz, Julian J. Szucko, « On the Fallibility of Lie Detection », *Law and Society Review*, vol. 17, n° 1, 1982, p. 91)

ceux soupçonnés de vouloir constituer un syndicat. Là encore, les chaînes de fast-food et de restauration rapide ont été pionnières en la matière, mais de manière générale, ces tests s'ancraient dans une gestion autoritaire et policière des « désordres » dans l'entreprise (conflits au travail et conflits sociaux) et de répression indirecte des employé·es indésirables. Réintroduit dans le monde de l'entreprise et plus généralement dans le cadre des relations de travail, le polygraphe avait alors (et a toujours dans les pays autorisant cet usage) trois fonctions: une fonction de sélection des candidates et des candidats à l'embauche, avec officiellement un contrôle des informations relatives au casier judiciaire mais en réalité un questionnement sur les modes de vie, la vie familiale et privée, les antécédents médicaux, mais aussi les pratiques et orientations sexuelles parfois; une fonction de contrôle et de surveillance des employé·es; et enfin une fonction punitive à des fins d'obtention de preuves et d'aveux, notamment lorsqu'un délit a été commis dans l'entreprise, les vols ou la consommation de drogue en particulier[183]. Comme dans le cas des tests de dépistage des drogues avec lesquels ils présentent de nombreuses analogies (absence de fiabilité, nombre de faux positifs élevé) et qui sont massivement diffusés dans les entreprises américaines au début des années 1980 avant de se répandre en Europe (ils sont autorisés en France s'ils sont encadrés par le règlement intérieur de l'entreprise[184]), le recours au détecteur de mensonge vise

183 Phillip W. Davis, Pamela McKenzie-Rundle, art. cit.

184 Anne Rodier, « Drogue au travail: les tests salivaires autorisés, sous conditions », *Le Monde*, 10 décembre 2016.

à accroitre la productivité des entreprises et à protéger leur image, lorsque celles-ci sont considérées comme mises à mal par des salarié·es peu fiables, peu sûr·es, délinquant·es, déviant·es ou faibles, tout en introduisant une logique du soupçon dégradant les conditions de travail[185].

De multiples législations étant venues interdire l'usage du polygraphe par les entreprises en Amérique du Nord au milieu des années 1980 (États-Unis et Canada), le marché des détecteurs de mensonge s'en est trouvé rétréci. Mais de nombreux pays les autorisent encore comme l'Inde, la Russie, Israël ou les pays d'Amérique latine : les grands groupes les utilisent alors dans leurs filiales implantées dans ces pays. Si le recrutement reste l'un des premiers objectifs, les entreprises peuvent mobiliser ou envisager l'utilisation de la détection du mensonge dans trois cas : préserver des secrets industriels en luttant contre l'espionnage économique (Amazon l'envisage ainsi en 2013[186]) ; garantir la sécurité des usager·es de leur prestation de service (Uber fait la promotion de détection du mensonge en 2014 suite à l'agression sexuelle d'une passagère en Inde[187]) ; ou encore trouver la ou le responsable lors de soupçons de corruption. Sur ce point, citons le responsable de la filière russe d'Auchan, Johannes Tholey, qui a utilisé une centaine de fois un appareil de détection de mensonge

185 Voir les travaux de Renaud Crespin, comme cet article : « L'expérience américaine de dépistage des drogues au travail », *SWAPS*, n° 58, 2010.

186 Taylor Soper, « Can you pass a lie detector test? Amazon wants to hire you », site Geekwire, 4 septembre 2013.

187 « Uber plans tighter screening for drivers », reuters.com, 18 décembre 2014.

entre mai et décembre 2020 (Eye Detect sans doute) pour « combattre la corruption »: « Nous n'utilisons les détecteurs de mensonge que lorsqu'il y a des soupçons, lorsque nous ne comprenons pas pourquoi des employés ont pris des décisions qui vont à l'encontre du bien de l'entreprise »[188].

Cet usage-ci des détecteurs de mensonge renvoie au second marché que nous voulions évoquer, « le marché de la suspicion »[189], qui participe directement à la diffusion des logiques du doute et du soupçon tout comme au déploiement inédit de la surveillance mutuelle au sein de la population. S'adressant tant aux entreprises qu'aux particuliers, ce marché promet à tout un chacun de pouvoir se transformer en détective privé ou en espion, favorisant dès lors la surveillance technologique d'autrui et encourageant les pratiques voyeuristes, d'espionnage et de harcèlement. Les caméras cachées, les outils de surveillance des SMS, des appels, des emails, de la navigation sur internet ou encore l'enregistrement des touches tapées sur un clavier ou des clics sur la souris en sont les meilleurs exemples. La crise liée à l'épidémie de Covid-19 et le recours massif au télétravail ont d'ailleurs fourni une bonne illustration de cette surveillance bureautique, et visibilisé, par les articles de presse, les documentaires mais aussi la multiplication des requêtes auprès d'institutions en charge de la régulation et de la protection des données

188 « Russie: Auchan utilise des détecteurs de mensonge pour combattre la corruption », *20 Minutes*, 23 décembre 2020.

189 Vanessa Codaccioni, *La société de vigilance. Auto-surveillance, délation et haines sécuritaires*, Paris, Textuel, 2021, p. 51.

personnelles (la CNIL par exemple[190]), des pratiques managériales de contrôle à distance de l'activité des salarié·es.

Si les instruments de véridiction s'inscrivent pleinement dans cette palette d'outils de surveillance, ils sont néanmoins le plus souvent utilisés par les entreprises ou par le biais d'experts et ne peuvent donc pas être, sauf en ce qui concerne les gadgets, « manipulés » à l'intérieur des foyers. En revanche, une pléthore de productions éditoriales vise à apprendre aux lectrices et aux lecteurs à détecter le mensonge et la tromperie dans la vie quotidienne, en mobilisant une assimilation entre détection du mensonge et espionnage des proches : « Vos collègues, vos amis et tous les gens que vous rencontrez peuvent devenir des sujets d'observation, lit-on dans l'un deux. Faites tout de même attention ! Restez discrets[191] ! ». S'appuyant sur des études anciennes ou des méta-analyses plus récentes (24 000 personnes testées en 2006), tous ces ouvrages partent d'un double constat : nous sommes incapables de déceler le mensonge, avec des résultats de 54 % de réussite pour les plus performant·es d'entre nous, mais celles et ceux qui nous entourent mentent en permanence[192]. L'ampleur du phénomène serait tel qu'une personne exprimerait en moyenne « trois mensonges par période de dix minutes[193] ».

190 Jacques Henno, « Surveiller ses salariés : quand la tentation est trop grande », *Les Échos*, 20 octobre 2022.

191 Éric Goulard, *Comment détecter les mensonges*, Paris, Les éditions Deluc, 2013, p. 17.

192 Xavier Seron, *Mensonges ! Une nouvelle approche psychologique et neuroscientifique*, Paris, Odile Jacob, 2019, p. 158.

193 Éric Goulard, *op. cit.*, p. 10.

« Les données issues des travaux sur la détection nous placent devant une équation plutôt difficile, écrit le psychologue Xavier Seron : d'un côté, il existe d'excellents menteurs et, de l'autre, nous sommes d'assez piètres détecteurs.[194] » Les ouvrages relatifs à la détection humaine du mensonge se caractérisent alors par la diffusion de listes de conseils sous la forme de trucs et astuces, comme regarder le suspect dans les yeux, lui faire faire de nombreuses tâches pendant la conversation (la charge mentale ferait faire des erreurs verbales), lui offrir de l'eau (la menteuse ou le menteur boit car il a besoin de prendre son temps avant de répondre) etc.

Mais la grande majorité de leurs auteurs s'inspirent très directement des travaux de Paul Ekman sur le repérage des émotions et des micro-gestes, ce dernier étant dès le début des années 2000 mondialement reconnu pour ses recherches : il est classé parmi les cent personnes les plus influentes du monde par le *Times 100* en 2009[195], année qui suit la publication d'un livre coécrit avec le dalaï-lama. Mais Paul Ekman est surtout le chercheur qui contribue le plus à la vulgarisation et à la popularisation des savoirs experts sur la détection du mensonge. Par exemple, il a été conseiller technique de la série à succès *Lie to Me,* qui suit une équipe d'experts en mensonge emmenée par le docteur Cal Lightman (inspiré de la vie de Paul Ekman), ce dernier les détectant en focalisant sur le comportement non verbal, les attitudes corporelles ou encore l'intonation de la voix. Proposant

194 Xavier Seron, *op. cit.*, p. 158.

195 Jill Bolte Taylor, « Paul Ekman », *Times 100,* 30 avril 2009.

des formations payantes en ligne sur le site internet de sa société, PaulEkmanGroup[196], le psychologue est aussi l'auteur d'une quinzaine de livres traduits en plusieurs langues dont celui publié en France en 2011, *Je sais que vous mentez ! L'art de détecter les menteurs et les manipulateurs.* La quatrième de couverture annonce : « Devenez aussi habile qu'un agent des services secrets en reconnaissant les mots, les émotions, les intonations, les gestes et les micro-expressions que les menteurs et les manipulateurs émettent sans le savoir[197] ». Paul Ekman est ainsi aujourd'hui la référence de divers psychologues ou « experts » en mensonge publiant sur cette thématique, comme Éric Goulard, qui se présente comme « certifié Master en reconnaissance des micro-expressions du visage » et « spécialiste de la communication non verbale ». Citons encore Marwan Mery, décrit par son éditeur comme « diplômé de la Sorbonne, négociateur dans les entreprises » et intervenant auprès de casinos et cercles de jeux pour « repérer les tricheurs et détecter les mensonges », sachant qu'en effet l'un des débouchés des spécialistes du mensonge est ce type d'entreprises et de client·es. Les joueuses et joueurs de poker peuvent quant à eux suivre des formations sur la communication non verbale pour savoir si leurs adversaires mentent ou « bluffent ». Ancien joueur de poker lui-même et voulant aider son lectorat à « décrypter l'invisible », ce dernier donne là encore dans ses livres une série de conseils non seulement pour analyser l'expression des émotions mais pour distinguer les vrais des fausses :

196 Ces formations coûtent de 119 à 300 dollars (site internet de PaulEkmanGroup).
197 Paul Ekman, *Je sais que vous mentez !..., op. cit.*

« observez les pointes internes des sourcils. Si elles ne se relèvent pas quand la personne manifeste de la tristesse, il est très probable que l'émotion soit fausse[198] »; « un sourire qui apparaît aussi vite qu'il disparaît est un faux sourire[199] »; « une empreinte durable de surprise est très probablement feinte[200] » etc. Il s'agit là de quelques exemples de la détection du mensonge par le repérage des indices faciaux de tromperie tels que les a mis au jour Paul Ekman, qui analyse l'expression des émotions en se focalisant sur certaines parties du visage ou certains muscles: de l'œil, des lèvres ou du front. Avec un ancien négociateur du RAID, Marwan Mery a également fondé la société Agence des négociateurs, spécialisée dans le conseil aux entreprises et ONG sur « la négociation complexe, la détection du mensonge, l'agilité collective et la gestion de crise ». Comptant 130 négociateurs dans le monde, ces derniers interviennent dans des situations diverses, qui vont de la négociation commerciale à la prise d'otage (comme Paul Ekman par ailleurs) en passant, bien sûr, par la grève au sein de l'entreprise. Ainsi, Marwan Mery explique à *Libération* à propos d'un représentant syndical « très en colère »: « Il avait des demandes très élevées, qu'il considérait comme légitimes. Je me suis rendu compte au cours de la conversation que sa colère était feinte, car il n'activait pas les bons muscles faciaux[201]. »

198 Marwan Mery, *Vous mentez! Détecter le mensonge, démasquer les menteurs*, Paris, Eyrolles, 2014, p. 320.

199 *Ibid,* p. 327.

200 *Id.*

201 « Enquête: détecter le mensonge, une science hasardeuse », *Libération,* 20 juillet 2019.

L'expertise en communication non verbale pourrait être considérée comme le parent pauvre de la détection du mensonge puisqu'elle ne nécessite aucun outil ni instrument, que ses conclusions relèvent parfois du sens commun (le regard fuyant, le lapsus ou le sourire crispé indiquent *a minima* un malaise) et que les techniques et méthodes de celles et ceux qui s'en déclarent spécialistes n'ont aucune valeur de preuve scientifique. Or, non seulement nous l'avons vu, il s'agit là de l'un des savoirs devenu clé dans la détection de la tromperie, de la gestion des risques et de la prévention du crime post-11 septembre, mais les présupposés sur lequel ils reposent (l'omniprésence du mensonge), les logiques qui les sous-tendent (doute, suspicion, méfiance), et la facilité d'application des conseils prodigués (écouter, observer, dévisager), c'est-à-dire sans appareillage technique, sans encadrement légal, et possiblement sans que la personne suspectée de mentir en soit informée, font du repérable visuel du mensonge le dispositif le plus facilement appropriable par les particuliers et, surtout, achetable et mobilisable par les entreprises contre les syndicalistes et les salarié·es suspect·es. Cette forme de détection des déviances ou, à l'inverse, de repérage de qualités (fiabilité, sincérité, crédibilité) est également la plus susceptible de produire une double disciplinarisation des populations concernées : d'un côté celles et ceux qui veulent démasquer les menteurs et les menteuses doivent développer des réflexes auditifs et visuels en focalisant sur certains sons, mots (lapsus) ou certaines parties du visage de la personne suspectées de mentir ; de l'autre, leurs cibles, si elles se savent observées dans leurs moindres faits et gestes, peuvent modifier leur comportement, attitudes et postures, à la manière d'un joueur de poker ou d'un candidat à l'embauche, de manière à être le moins spontané ou le moins expressif possible.

Néanmoins, la détection du mensonge ne s'inscrit pas seulement dans le cadre de l'essor du marché de la suspicion, celui qui fait douter de l'autre en permanence, et en particulier qui introduit le doute quant à ses intentions ou ses émotions. Il est également partie intégrante de ce que l'on peut appeler le « marché de la vérité » qui, s'il repose lui aussi sur une logique du soupçon, se matérialise par la promotion de divers tests destinés à mieux se connaître ou à mieux connaître autrui. Citons pêle-mêle les « tests de personnalité » (aussi dits « psycho ») que l'on retrouve dans la presse de jeunesse et surtout féminine, et qui alternent entre promesse d'exploration de ses propres connaissances – « Connaissez-vous les mots à la mode?[202] » –, découverte de son « vrai soi » – « Quelle dragueuse êtes-vous l'été?[203] » – et aide à la décision dans la vie de couple: « Partir ou rester: devez-vous le quitter?[204] ». C'est le même genre de tests que l'on retrouve sur internet ou les réseaux sociaux et qui, sous couvert d'une activité ludique destinée à amuser sa communauté virtuelle (« Quel héros Star Wars êtes-vous? », « De quelle époque venez-vous? »[205]), servent à n'en pas douter

202 Site internet de *Femme actuelle*.

203 Site internet de *Elle*.

204 Site internet de *Femina*.

205 Voir par exemple les tests de la société Openask, et que l'on retrouve sur Facebook.

à utiliser à des fins commerciales nos données personnelles ou, comme le dirait Zuboff Shoshana, « nos surplus comportementaux ». Œuvrer à une meilleure connaissance de soi, thème que l'on retrouve dès les années 1930 dans les manuels de management[206], devient ainsi une injonction que l'on retrouve également dans le monde de l'entreprise, dans le cadre de « bilan de compétences » mais aussi du « personnal branding » dont l'objectif est de faire des employé·es des produits marketing. « Mieux se connaître » pour « mieux se vendre » est ainsi l'un des mots d'ordre cycliquement à la mode et la retraduction managériale de l'une des modalités traditionnelles de production de la vérité mise à jour par Foucault : « la connaissance de soi par soi-même[207] », l'obligation de « se dire » la vérité.

Davantage tournés vers l'enquête et la découverte de celle-ci, deux autres types de « tests » nous semblent partager avec la détection du mensonge cette traque rentable de la vérité : les « tests de QI » destinés à révéler la surdouance ou la précocité intellectuelle chez les enfants des milieux sociaux les plus privilégiés[208] et, surtout, les « tests ADN » vendus en kit, et dont le nombre de consommatrices et consommateurs ne cesse d'évoluer : entre 2011 et 2013, 26 millions de tests avaient déjà été achetés, soit à des fins d'identification de prédispositions génétiques au déclenchement de maladies

206 Eva Illouz, *Les sentiments du capitalisme,* Paris, Seuil, 2006, p. 41.

207 Michel Foucault, « Subjectivité et vérité », in *Dits et Écrits 2, op. cit.*, p. 1032.

208 Wilfried Ligner, *La petite noblesse de l'intelligence. Une sociologie des enfants surdoués*, Paris, La Découverte, 2012, p. 163.

(cancer, Alzheimer, diabète, obésité), de repérage de « l'ancestralité » ou de confirmation d'un lien de parenté : interdits en France, ils peuvent néanmoins être commandés sur internet, auprès de laboratoires à l'étranger. 20 000 tests ont ainsi été achetés par des Françaises ou Français en 2014, ce chiffre ayant sans doute largement évolué depuis. « Êtes-vous le père ? », « vous attendez un bébé, vous n'êtes pas sûr de qui est le père ? » demande respectivement aux hommes suspicieux et aux femmes infidèles cette société spécialisée dans la vente en ligne de kits génétiques. La rhétorique commerciale accompagnant ces produits que l'on peut aujourd'hui acquérir pour 150 euros repose là encore sur l'accentuation des peurs (de la maladie, du mensonge, de l'infidélité), ou des manques (d'informations sur son histoire personnelle, de sociabilité), et se déploie à travers la médiatisation d'affaires dramatiques (une femme découvre que celui qui l'a élevée n'est pas son père[209]) ou de « contes de fées » comme ce sans-domicile-fixe se découvrant le fils caché d'un millionnaire au Pays-Bas[210].

Qu'ils soient mobilisés dans la sphère privée ou professionnelle, les différents « tests » proposés aux particuliers, dont le nombre et la forme ne cessent de se multiplier, ont en commun de partager l'idée qu'il est possible de privatiser des techniques d'investigation criminelle et de les détourner de leurs fonctions premières d'obtention de preuves ou d'aveux pour

209 Martine Betti-Cusso, « Secrets de famille : ces tests ADN qui dévoilent la vérité », *Le Figaro*, 3 janvier 2014.

210 Marie Daoudal, « Quand les tests ADN nous révèlent des surprises », *Le Temps*, 30 juin 2020.

mieux se connaître ou pour mieux connaître autrui. Cela vaut tout autant pour les techniques d'interrogatoire propres aux enquêteurs (le polygraphe, les autres détecteurs de mensonge), celles visant à la découverte de traits de la personnalité ou de facteurs explicatifs de déviance (tests psychologiques) que pour les technologies d'analyse génétique qui sont le fait des agents de la police scientifique (recherche ADN). Si ces dernières peuvent répondre à un besoin et à un manque de connaissances, d'informations ou de savoirs que certaines et certains voudraient voir pallier par des politiques d'État, leur promotion n'en est pas moins porteuse de dérives sécuritaires. Sous couvert d'une réappropriation citoyennes des savoirs (policiers, experts, psychologiques ou biotechnologiques), on assiste en effet à la diffusion de l'idée selon laquelle le corps – notre corps, celui de la personne consommatrice de ces tests, celui de la personne à qui l'ont fait passer ces tests – peut révéler des faits cachés, découvrir des secrets, permettre de trouver des réponses ou de lever des doutes, faire éclater la vérité. Ou, pour le dire autrement, cette privativation des tests prédispose à l'idée que notre corps ou celui de nos proches recèle des vérités que nous ignorons, nous incitant ainsi à rechercher, à investiguer, à mener notre propre enquête, par nos propres moyens. Bientôt, des entreprises essaieront de nous vendre des dispositifs de véridiction type polygraphe pour savoir si nous nous mentons à nous-mêmes ! En ce sens, la popularisation des usages des détecteurs de mensonge et cette transformation décrite comme souhaitée de notre corps et du corps de l'autre en objet d'investigation reposent sur des injonctions multiples à enquêter sur soi ou sur les autres, injonctions « à jouer les détectives » qui servent les intérêts commerciaux de multiples start-up, entreprises et experts tout autant qu'elles tendent à façonner des individus à la fois entrepreneurs d'eux-mêmes, incités à anticiper les risques et à maîtriser de plus en plus de pans de leur vie par le biais d'une traque permanente de la vérité et, de manière tout à fait liée, de la tromperie. En ce sens, tests et autotests apparaissent comme l'une des modalités contemporaines du faire avouer et du faire parler : soi, l'autre, son propre corps, le corps d'autrui.

Conclusion : **les populations avouantes**

Peu avant sa mort, en 1965, l'un des concepteurs américains du polygraphe, John Larson, écrivait : « Au-delà de mes espérances, en raison de facteurs incontrôlables, cette recherche scientifique est devenue à des fins pratiques un monstre à la Frankenstein, que j'ai passé plus de quarante ans à combattre[211]. » Au moment où il écrit ces lignes, les tests polygraphiques sont utilisés aux États-Unis pour tester des millions de personnes dans les entreprises et les commissariats. Depuis, et en dépit de nombreuses restrictions qui sont venues combattre la pseudo-science à l'œuvre dans la passation de ces tests, la machine à aveu continue de fonctionner à plein outre-Atlantique et reste utilisée, comme dans d'autres pays, pour gérer la population délinquante et réguler plus rapidement les affaires criminelles. Outre sa popularisation par le biais de diverses productions culturelles, les séries et les films policiers en particulier, et par le contexte de surpolitisation des questions sécuritaires, deux processus ont favorisé une circulation internationale et une dissémination des techniques et des connaissances qui lui sont liées : d'une part un usage des détecteurs de mensonge pour de tout autres motifs que découvrir le coupable d'un crime, comme évaluer le degré de dangerosité ou les possibilités de récidives ; révéler des déviances, des fantasmes ou des infidélités ; trier ou licencier, faire démissionner ; et d'autre part et de manière tout à fait liée, une émancipation de la détection de mensonge de l'instrument traditionnellement utilisé à cet effet, le polygraphe.

211 Ken Alder, *The Lie Detector. The History of an American Obsession*, Free Press, New York, 2007, p. 37.

Suivre l'actualité des détecteurs de mensonge nous a en effet plongé·es dans l'univers de divers instruments de mesure de l'activité du corps humain (polygraphe, électroencéphalogramme, pléthysmographe pénien, robot dit conversationnel, oculomètre), dans celui des neurosciences et de l'imagerie cérébrale, de la surveillance biométrique et algorithmique, ou encore de la communication non verbale. Pour autant, nous n'avons jamais rencontré au cours de nos recherches de détecteurs de mensonge. Seuls se sont donnés à voir des détecteurs de stress, d'excitation sexuelle, d'activité cérébrale, de micro-gestes et expressions ou plus généralement de réactions physiques suite à un stimuli au sein d'un commissariat, d'un aéroport, d'une entreprise ou d'un laboratoire. Nous avons en revanche croisé beaucoup d'experts, de chercheurs ou d'entreprises indiquant avoir trouvé le meilleur détecteur de mensonge possible (le plus fiable, le plus rapide, le moins propice aux contre-mesures et parfois même le moins discriminatoire), se mobiliser pour populariser leur produit, le commercialiser, et obtenir le monopole du pouvoir sur celles et ceux dont on attend un aveu. L'étiquette « détecteur de mensonge » fait vendre, en particulier dans un contexte où les politiques répressives, de plus en plus préventives et préemptives, reposent sur une présomption de culpabilité, se focalisent sur les intentions, et tendent à exiger des citoyennes et citoyens une transparence totale, même en ce qui concerne leurs désirs, leurs pensées et leurs émotions.

Le destin des dispositifs de véridiction à visées punitives ne peut pourtant pas être réduit à l'histoire d'un succès commercial ou, plus exactement, à celle d'une série de succès commerciaux, car ce sont d'innombrables personnes qui, hier ou aujourd'hui, ont été ou sont soumises à des interrogatoires d'exception menés tantôt par des policiers, tantôt par des experts ou des chercheurs le plus souvent devenus consultants en sécurité. Ces populations testées sont nombreuses : les suspect·es dans le cadre d'affaires criminelles, les délinquants sexuels, les personnes non conformes aux normes de genre, les migrant·es, les employé·es peu gouvernables et les syndicalistes, ou encore les maris et les femmes possiblement infidèles. C'est donc un ensemble de groupes ou d'individus auxquels sont prêtés des déviances, des tares ou des défauts, et pour lesquels est décrétée une aptitude au mensonge, à la tromperie ou à la dissimulation, qui sont visés par ces techniques ou instruments. Mais d'autres cibles, plus larges, sont déjà envisagées par des sociétés s'adaptant aux évolutions du marché de la surveillance, comme la population voyageuse ou manifestante, quand certains pays sont aujourd'hui tentés d'allonger la liste des justiciables dont le sort judiciaire va être lié aux résultats de l'examen polygraphique.

Deux autres exemples sont révélateurs des effets de la diversification des dispositifs de traque du mensonge sur l'extension continue de son champ d'application. En 2018, la police espagnole de Malaga et de Murcie a commencé à utiliser Veripol, un logiciel basé sur une intelligence artificielle et utilisé pour distinguer les vraies déclarations de vol des fausses, à partir d'une analyse des rapports rédigés par les policiers (brièveté de la déclaration de vol, absence de détail sur l'incident, victime n'ayant pas contacté de médecin ou d'officier de police, etc.). Aujourd'hui, ce sont l'ensemble des commissariats espagnols qui sont dotés de ce logiciel de traque des faux dépôts de plainte, et donc de partition entre les vraies et les fausses victimes[212]. Autre et dernier exemple, cette fois-ci français : l'appel d'offres lancé en 2019 par le centre de formation des agents de la Sécurité sociale, intitulé « Conception et animation de formation dans le domaine des techniques d'audition et de détection du mensonge ». Concrètement, il s'agissait d'assurer une formation (coût avoisinant les 800 000 euros) aux personnels de l'Assurance maladie, de la Caisse des retraites et de la branche « accidents du travail, maladies professionnelles », pour qu'elles et ils apprennent à repérer « le mensonge dans les dires verbaux, les écrits » et qu'ils sachent « décrypter le langage non verbal ». Bien évidemment se retrouvent dans ces formations de traques aux « assurés menteurs », aux « faux malades » et aux « faux accidentés du travail » les savoirs et techniques développés par Paul Ekman sur les micro-gestes et expressions, confirmant ainsi la centralité de l'expertise en communication non verbale dans les politiques de vérité contemporaines[213].

Surtout, si ce dispositif est partie intégrante du contrôle traditionnel des « assistés » et n'est que l'une

212 Baptiste Langlois, « Veripol, le logiciel anti-fausses déclarations », *Ouest-France,* 24 janvier 2019.

213 Daniel Rosenweg, « Fraudes aux prestations : la Sécu va former ses agents à la détection des mensonges », *Le Parisien*, 27 juillet 2019.

des modalités du « gouvernement des pauvres[214] » que l'on peut retrouver dans d'autres pays (dès 2007, après le secteur des assurances, les travailleurs sociaux britanniques utilisent un détecteur de mensonge « vocal » pour débusquer les éventuels fraudeurs aux allocations-chômage et logement[215]), il n'est néanmoins que l'un des pans de la gestion étatique des indésirables se traduisant par une opération de partage entre le « vrai » et le « faux » et, plus précisément, entre les « vrai·es » et les « fausses/faux ». On peut même dire que l'une des fonctions premières des politiques de vérité contemporaines est de produire des individus « faux », au double sens du terme, c'est-à-dire à la fois menteurs et dissimulateurs mais également aux caractéristiques sociales inventées et trompeuses (« faux pauvres », « fausses victimes », « faux voyageurs », « fausses femmes » ou « faux hommes », « faux hétéros » ou « faux gays[216] », « faux migrant persécuté », « faux innocents » etc.) à des fins de stigmatisation, d'exclusion et de sanctions. C'est dire également que les entrepreneurs de vérité ne se contentent pas de distinguer et de séparer : ils fixent la définition du vrai en fonction des normes qu'ils partagent, de leur positionnement social et politique, de leur vision du monde, en fonction aussi des objectifs assignés aux diverses politiques

214 Vincent Dubois, *Contrôler les assistés. Genèse et usages d'un mot d'ordre*, Paris, Raisons d'Agir, 2021.

215 John Carvel, « Lie detectors trial to cut benefit fraud », *The Guardian*, 6 avril 2007. Ce dispositif, qui était à l'essai, est abandonné en 2010.

216 Comme l'écrivent Éric Fassin et Manuela Salcedo : « Dans le passé, le soupçon portait sur les hommes d'apparence hétérosexuelle qui auraient été en réalité homosexuels. Aujourd'hui (...) en Occident, le problème, ce sont désormais les "faux homosexuels" plutôt que les "faux hétérosexuels". » (Éric Fassin, Manuela Salcedo, « Devenir homosexuel ? », art. cit.).

y affairant (sécuritaires, migratoires, économiques, familiales) ; et perpétuent ce faisant des rapports de domination de genre, de race ou de classe. La traque du mensonge est ainsi éminemment politique, et elle l'est d'autant plus qu'elle vise le plus souvent des individus minorisés ou précarisés face à la police, à la justice ou à l'administration.

La recherche de l'aveu, autre grande fonction des politiques de vérité souvent liée à la précédente, l'est aussi, quand bien même l'histoire récente de la détection du mensonge donne à voir à ce propos deux processus a priori contradictoires : d'un côté la traque constante de l'aveu, avec la multiplication des techniques et des dispositifs pour « faire parler », obtenir des confessions, contraindre l'autre à révéler des désirs, des secrets, notamment par le biais de tests protéiformes qui deviennent le vecteur clé de la connaissance de soi et des autres ; mais de l'autre une dévalorisation progressive de l'aveu, qui non seulement n'est plus « la reine des preuves » mais qui n'est plus recherché pour sa capacité à faire émerger le vrai. Bien évidemment, la détection du mensonge telle qu'elle est mobilisée par un certain nombre de chercheurs ou d'experts n'est pas le facteur explicatif déterminant de cette moindre focalisation sur la parole avouante, qui doit plutôt être recherchée du côté de la rationalisation de la procédure d'enquête et de l'apparition de preuves scientifiques considérées comme fiables, en particulier l'ADN. Elle éclaire pourtant la nécessité perçue de se passer de la personne suspectée d'avoir commis un crime, tout en s'assurant néanmoins de sa présence physique qui, elle, est considérée comme indispensable pour faire éclater la vérité. La reconnaissance verbale du crime est alors dépassée par les preuves qui viennent du corps, qu'il s'agisse de preuves qui y sont visibles à l'œil nu ou par le biais d'une machine (érection, dilatation des pupilles, micro-gestes ou expressions) ou de celles que l'on peut extraire du corps, par la mesure de l'activité de ses organes. Le cœur, le sexe, les yeux, les muscles du visage ou, plus récemment, les cortex frontaux, sont ainsi l'objet de tests dont la nature punitive s'apprécie tant aux conditions de leur passation et à leurs effets possibles (discrédit, refus d'octroi d'aides, surveillance accrue, incarcération) qu'à leur existence même.

Comme pour la surveillance étatique et certains dispositifs singuliers telle la reconnaissance faciale, la technologie à l'œuvre renvoie ainsi aux problématiques plus générales des usages punitifs des corps et des résistances qui peuvent leur être opposées. En l'occurrence, l'observation des divers instruments de véridiction témoigne d'une pluralité de traitements policiaro-experts des corps suspects, qui vont des traitements inhumains et dégradants à la scrutation sécuritaire, chaque fois dans l'objectif d'obtenir une preuve, du mensonge, de la déviance, de la tromperie, du danger. Vu comme un réservoir de secrets et un révélateur de vérité, le corps devient alors objet d'investigations et de recherches, à la frontière entre l'examen médical et l'autopsie, entre l'enquête et l'expérience scientifique, tout ceci dans un contexte d'interrogatoire policier réel ou mimé qui laisse peu de marges de manœuvre aux personnes suspectées de mentir : les réponses binaires « oui/non », le silence ou, lorsque les tests ne sont pas contraints, l'exit, chacun de ces choix contraints présentant des risques et des coûts. À ce propos et outre un conditionnement spécifique pour gérer le stress provoqué par les diverses questions de l'interrogateur, la seule contre-mesure efficace lorsqu'il est possible de parler est de ne pas avouer : ni avant, ni pendant, ni après. Et historiquement, les résistances se sont toujours traduites par des arrangements avec l'aveu, comme le rappelle le philosophe Matthieu Fontaine : « On peut imaginer ne pas avouer, garder le silence ou retarder l'échéance, faire des faux aveux ou des aveux approchants, de manière à rendre le pouvoir impatient ou fou[217]. » Or, qu'en est-il lorsque les mots ne comptent pas ou plus ? Lorsque, justement, il n'est plus possible de parler pour se défendre ? La traque du mensonge par les neuroscientifiques est exemplaire de ce point de vue, puisque ceux-ci visent à remplacer l'interrogatoire par la lecture d'un récit criminel rédigé à la première personne devant un sujet muet et inerte, et à enquêter sur une zone du corps jusqu'alors préservée des intrusions sécuritaires : le cerveau. Cette configuration punitive, dans laquelle la personne interrogée est à la fois spectatrice silencieuse et objet de l'investigation experte se focalisant sur l'intérieur de son crâne pour décider si elle ment ou non, est coupable ou non, est tout à fait inédite. Mais la plupart des dispositifs de véridiction contemporains, qui sont aussi pour nombre d'entre eux des dispositifs de surveillance, fonctionnent à l'identique :

217 Matthieu Fontaine, « Aveu et résistance », *Strathèse*, n° 3, 2016, p. 10.

même ceux qui « écoutent » la personne suspectée de mentir ne s'intéressent qu'au son, au débit de parole ou aux modulations de la voix. Ce qui est dit n'a ainsi aucune valeur, n'a aucune sorte d'importance. Dès lors, si le polygraphe a été utilisé dans les commissariats américains à partir des années 1930 pour éviter les aveux extorqués par la brutalité policière et remplacer celle-ci par une violence symbolique faite de ruses, de mensonges et de stratégies d'intimidations, les récents développements de la détection du mensonge éclairent une autre modalité d'extorsion de l'aveu et de preuves, qui se traduit soit par l'invisibilisation des dispositifs (détection d'émotions et d'intentions), soit par la soumission à des tests aphonisants contre lesquels des contre-mesures sont difficilement mobilisables (phallométrie, oculométrie, électroencéphalographie etc.).

Bien sûr, des résistances ont toujours été inventées contre les dispositifs répressifs de scrutation des corps et de mesures de leur activité, comme le montrent par exemple les mobilisations contre la surveillance numérique ou biométrique. Les lasers pour brouiller les caméras, les masques transparents modifiant les traits du visage, le maquillage ou les lunettes utilisées contre les algorithmes pour déjouer la reconnaissance faciale en sont les exemples les plus récents[218]. Mais qu'en est-il ou qu'en sera-t-il des autres techniques dites de « détection du mensonge » et donc de contrôle social qui se mettent lentement en place, sont utilisés dans certains pays

218 Émission « Reconnaissance faciale : la résistance s'organise », France 24, 18 octobre 2019.

ou sont à l'essai, en ce moment même, dans les laboratoires? Il faudra, à n'en pas douter, un ensemble d'initiatives, de mobilisations et de résistances individuelles et collectives pour y faire face, et ce d'autant plus que des chercheurs sont déjà en train d'anticiper les contre-mesures aux technologies punitives futures, en particulier celles concernant l'imagerie cérébrale[219]. À défaut deviendrons-nous des « bêtes d'aveu » comme le dirait Foucault[220], à savoir des corps immobiles ou en mouvement dont on extrait plus encore qu'aujourd'hui des preuves d'anormalités, de mensonges et de déviances.

219 Voir par exemple Chun-Wei Hsu, Chiara Begliomini, Tommaso Dall'Aqua, Giorgio Ganis, « The effect of mental coutermeasures on neuroimaging-bases concealed information tests », *Human Brain Mapping*, vol. 40, n° 10, 2019.

220 Foucault estimait déjà que « l'homme » était devenu une « bête d'aveu » évoluant dans une « société avouante », insistant avant tout sur notre propension à « avouer » des pensées, des souvenirs, des rêves, des désirs dans notre vie quotidienne ou dans l'espace public (Michel Foucault, *Histoire de la sexualité I*, *op. cit.*, p. 79).

Livres de Vanessa Codaccioni déjà parus aux éditions Textuel

La Société de vigilance

Auto-surveillance, délation et haines sécuritaires

Une nouvelle servitude volontaire insidieusement imposée aux citoyens.

Partout dans le monde, les populations sont incitées à se mobiliser pour assurer leur propre sécurité et celle de leur pays. Partout, les appels à la vigilance et à la responsabilité individuelle se multiplient, tandis que les États s'appuient de plus en plus sur les citoyennes et les citoyens pour surveiller, réprimer et punir. Au travail, sur internet, dans la rue, à l'école, au sein de la famille.
Prolongeant ses travaux sur la répression, Vanessa Codaccioni retrace l'avènement de ce phénomène. Elle montre comment de nombreux dispositifs tendent à utiliser les populations à des fins sécuritaires, à impulser des comportements policiers, espions ou guerriers en leur sein et à institutionnaliser la surveillance mutuelle et la délation. Ces injonctions sécuritaires visent à obtenir l'obéissance citoyenne et à légitimer la répression.

« *Plutôt que l'efficacité des dispositifs de surveillance, Vanessa Codaccioni en décrit les effets politiques.* » **Le Monde**

« *Vanessa Codaccioni analyse comment la France bascule dans une double surveillance, étatique et citoyenne.* » **L'Humanité**

2021
ISBN : 978-2-84597-845-4
13 x 19,6 cm, broché, 160 pages, 17,50€
Collection « Petite encyclopédie critique »

Répression

L'État face aux contestations politiques

Une réflexion inédite sur la criminalisation des mouvements sociaux.

Il ne se passe pas un seul jour sans que des militants ne soient confrontés à la répression. Violences policières, arrestations, gardes-à-vue et procès rythment aujourd'hui la vie politique et judiciaire. Aucune forme d'indignation politique n'y échappe : des gilets jaunes aux zadistes en passant par les écologistes, les militants solidaires, les féministes, les lycéens ou celles et ceux qui participent à des manifestations de rue, toutes et tous peuvent être confrontés à la police ou à la justice. Pour les acteurs de la répression, ce sont des « casseurs », des « délinquants » ou des « terroristes » qui sont visés. Il s'agit d'un déni stratégique dont l'objectif est d'invisibiliser le caractère politique de cette violence d'État et de nier que ce sont pour leurs idées ou leurs actions que des militantes ou militants sont arrêtés, inculpés ou jugés. En analysant les mécanismes contemporains de la répression, Vanessa Codaccioni dénonce la criminalisation de la contestation politique. Étudiant finement ses principaux dispositifs, elle éclaire l'une de ses logiques majeures : la dépolitisation de l'activisme par son assimilation au terrorisme ou à la criminalité de droit commun.

« *Des violences policières aux condamnations des tribunaux, Vanessa Codaccioni souligne la criminalisation croissante des mouvements sociaux.* » **L'Humanité**

« *Voici comment la police, la justice et l'administration dépolitisent les prises de parole et les actions revendicatives pour poursuivre et réprimer leurs auteurs comme des délinquants.* » **Politis**

2019
ISBN : 978-2-84597-768-6
13 x 19,8, broché, 96 pages, 14,50 €
Collection « Petite encyclopédie critique »

Collection « Petite encyclopédie critique »

- Manon Loisel et Nicolas Rio, *Pour en finir avec la démocratie participative*, 2024
- Charles Bosvieux-Onyekwelu, *Précarité générale – Témoignage d'un rescapé de l'Université*, 2023
- Francis Dupuis-Déri, *Les hommes et le féminisme – Faux amis, poseurs ou alliés ?*, 2023
- Olivier Besancenot et Michael Löwy, *Septembre rouge – Le coup d'État du 11 septembre 1973 au Chili*, 2023
- Zineb Fahsi, *Le Yoga, nouvel esprit du capitalisme*, 2023
- Antoine Chollet, *L'Antipopulisme ou la nouvelle haine de la démocratie*, 2023
- Albert Ogien, *Émancipations – Luttes minoritaires, luttes universelles ?*, 2023
- Didier Fassin, *La Recherche à l'épreuve du politique*, 2022.
- Ugo Palheta, *La Nouvelle Internationale fasciste*, 2022.
- Pierre Hazan, *Négocier avec le diable – La médiation dans les conflits armés*, 2022.
- Olivier Milleron, *Pourquoi fumer, c'est de droite*, 2022.
- Alex Mahoudeau, *La Panique woke – Anatomie d'une offensive réactionnaire*, 2022.
- Stéphane Lavignotte, *L'Écologie, champ de bataille théologique*, 2022.
- Rémi Lefebvre, *Faut-il désespérer de la gauche ?*, 2022.
- Régis Meyran, *Obsessions identitaires*, 2022.
- Jean-Marie Harribey, Pierre Khalfa et Jacques Rigaudiat, *Quoi qu'il en coûte – Sortir la dette des griffes de la finance*, 2022.
- Michael Löwy et Daniel Tanuro (dir.), *Luttes écologiques et sociales dans le monde – Allier le vert et le rouge*, 2021.
- Manuel Cervera-Marzal (dir.), *Ce gros mot de communisme*, 2021.
- Ludivine Bantigny et Ugo Palheta, *Face à la menace fasciste – Sortir de l'autoritarisme*, 2021.
- Philippe Corcuff, *La Grande Confusion – Comment l'extrême droite gagne la bataille des idées*, 2021.
- Michel Kokoreff, *Violences policières, généalogie d'une violence d'État*, 2021.
- Vanessa Codaccioni, *La Société de vigilance. Auto-surveillance, délation et haines sécuritaires*, 2021.
- Monique Chemillier-Gendreau, *Pour un Conseil mondial de la Résistance*, 2020.
- Daniel Tanuro, *Trop tard pour être pessimistes ! Écosocialisme ou effondrement*, 2020.

- Pauline Delage et Fanny Gallot (dir.), *Féminismes dans le monde*, 2019.
- Philippe Blanchet, *Main basse sur l'Université*, 2019.
- Rokhaya Diallo, *La France tu l'aimes ou tu la fermes ?*, 2019.
- Delphine Gardey, *Politique du clitoris*, 2019.
- Vanessa Codaccioni, *Répression. L'État face aux contestations politiques*, 2019.
- Daniel Borrillo, *Disposer de son corps : un droit encore à conquérir*, 2019.
- Maud Simonet, *Travail gratuit : la nouvelle exploitation ?*, 2018.
- Francis Dupuis-Déri, *Les Nouveaux Anarchistes – De l'altermondialisme au zadisme*, 2018.
- Audrey Célestine, *Une famille française – Des Antilles à Dunkerque en passant par l'Algérie*, 2018.
- Sarah Abdelnour, *Les Nouveaux Prolétaires*, 2018 (2012).
- Des plumes dans le goudron, *Résister aux grands projets inutiles et imposés*, 2018.
- Pauline Delage, *Droits des femmes, tout peut disparaître*, 2018.
- Marie-Cécile Naves, *Trump, la revanche de l'homme blanc*, 2017.
- François Berdougo et Gabriel Girard, *La fin du sida est-elle possible ?*, 2017.
- Sélim Smaoui, *Faites place*, 2017.
- Frédéric Debomy, *Finkielkraut, la pensée défaite*, 2017.
- Sara Garbagnoli et Massimo Prearo, *La Croisade « antigenre » Du Vatican aux manifs pour tous*, 2017.
- Philippe Blanchet, *Les Mots piégés de la politique*, 2017.
- Éric Fassin, *Populisme : le grand ressentiment*, 2017.
- Séverine Chauvel, *Course aux diplômes : qui sont les perdants ?*, 2016.
- Lilian Mathieu, *Prostitution : quel est le problème ?*, 2016.
- Philippe Corcuff, *Pour une spiritualité sans dieux*, 2016.
- Manuel Cervera-Marzal, *Pour un suicide des intellectuels*, 2015.
- Philippe Blanchet, *Discriminations : combattre la glottophobie*, 2015.
- Philippe Corcuff, *Mes années Charlie et après ?*, 2015.
- Jean-Claude Kaufmann, *Identités, la bombe à retardement*, 2014 (rééd. 2015).
- Vincent Goulet, *Médias : le peuple n'est pas condamné à TF1*, 2014.
- Philippe Corcuff, *Les années 1930 reviennent et la gauche est dans le brouillard*, 2014.
- Fabrice Flipo, *Pour une philosophie politique écologiste*, 2014.
- Stéphane Lavignotte, *Les religions sont-elles réactionnaires ?*, 2014.
- Éric Fassin, *Gauche : l'avenir d'une désillusion*, 2014.
- Philippe Corcuff, *Polars, philosophie et critique sociale*, 2013.
- Lilian Mathieu, *Columbo : la lutte des classes ce soir à la télé*, 2013.
- Sophie Wahnich, *L'Intelligence politique de la Révolution française*, 2012 (rééd. 2019).
- Philippe Corcuff, *La gauche est-elle en état de mort cérébrale ?*, 2012.

- Philippe Corcuff, *Marx XXIe siècle. Textes commentés*, 2012.
- Philippe Poutou, *Un ouvrier, c'est là pour fermer sa gueule !*, 2012.
- David Belliard, *Notre santé est-elle à vendre ? et 25 autres questions que tout le monde se pose sur la santé*, 2012.
- Philippe Caumières, *Castoriadis : critique sociale et émancipation*, 2011.
- Christian Arnsperger, *L'Homme économique et le sens de la vie. Petit traité d'alter-économie*, 2011.
- Delphine Gardey (dir.), *Le féminisme change-t-il nos vies ?*, 2011.
- Philippe Corcuff, *B.a.-ba philosophique de la politique pour ceux qui ne sont ni énarques, ni politiciens, ni patrons, ni journalistes*, 2011.
- Irène Pereira, *L'Anarchisme dans les textes. Anthologie libertaire*, 2011.
- José Luis Moreno Pestaña, *Michel Foucault, la gauche et la politique*, 2011.
- ATTAC, *Le Capitalisme contre les individus. Repères altermondialistes*, 2010.
- Jacques Fortin, *L'homosexualité est-elle soluble dans le conformisme ?*, 2010.
- Lilian Mathieu, *Les Années 70, un âge d'or des luttes ?*, 2010.
- Irène Pereira, *Peut-on être radical et pragmatique ?*, 2010.
- Cédric Durand, *Le capitalisme est-il indépassable ?*, 2010.
- Stéphane Lavignotte, *La décroissance est-elle souhaitable ?*, 2010.

Achevé d'imprimer en novembre 2023
sur les presses de la Nouvelle Imprimerie Laballery, Clamecy.
Dépôt légal : janvier 2024
Numéro impression : 311371